图书在版编目（CIP）数据

大隋兴衰四十年 . 2 / 蒙曼著 . — 杭州：浙江教育出版社，2020.11（2023.2 重印）
（蒙曼说历史）
ISBN 978-7-5722-0595-8

Ⅰ . ①大… Ⅱ . ①蒙… Ⅲ . ①中国历史—隋代—通俗读物 Ⅳ . ① K241.09

中国版本图书馆 CIP 数据核字（2020）第 138773 号

责任编辑 孙露露　**美术编辑** 曾国兴
责任校对 董安涛　**责任印务** 沈久凌
产品经理 魏　帆　魏　强　**特约编辑** 孙悦久

蒙曼说历史
MENG MAN SHUO LISHI
大隋兴衰四十年 2
DASUI XINGSHUAI SISHI NIAN 2

蒙曼　著

出版发行　浙江教育出版社
（杭州市天目山路 40 号　电话：0571-85170300-80928）
印　　刷　河北鹏润印刷有限公司
开　　本　880mm × 1230mm　1/32
成品尺寸　145mm × 210mm
印　　张　7.875
字　　数　148000
版　　次　2020 年 11 月第 1 版
印　　次　2023 年 2 月第 3 次印刷
标准书号　978-7-5722-0595-8
定　　价　45.00 元

再版序

看过去的作品，有点儿像看青年时代的照片。比着剪刀手，穿着过时的衣裳，乍一看几乎认不出来，自家几时有过这般可笑的模样？可是，再一看，那眉眼，那神情，不是自家又是谁呢？只不过是身形再细些，脸庞再鼓些，嘴角再翘些，看起来都是无足轻重的改变，却又是再高级的美颜相机也打造不出来的模样。

我们年轻的时候，只要不是过分自大的人，任谁听说，你现在这个样子最美，都不会轻易承认吧？我们总对自己有各种各样的不满，发型太丑，大腿太粗，笑容太野，这林林总总的问题，难道日后不会一一修正吗？我们都相信，修正了之后的自己才是最好的自己。殊不料，若干年之后，浓密的黑发委了地，肥厚的脂肪上了腰，浅浅绽放的笑容里也多了皱纹的加持——我们一直在努力，却终未长成自己理想的模样。非但没有长成，甚至还多了一点“盛年不重来”的惆怅。所以，人生究竟是用来经历的，还是用来修正的？修正了之后，真的就会更好吗？若并未更好，为什么我们还要汲汲于修正？

这些问题，在此次修正书稿的过程中都曾反复回旋于我的脑海，回旋之后，我的态度是保守的——只美颜，不动刀吧。所谓动刀，就是外科手术式的修正，腿短了接骨，腰粗了去脂，乃至改头换面，重新做人。这样的做法放在书稿上，可能就意味着调结构，换立场，改结论，“不惜以今日之我，难昔日之我”。我固然佩服这样每日精进的锐气，却全无躬身践行的勇气，因为这套书出版近十年来，无论是我自己，还是整个隋唐史学界，对隋代的认识并无突破性进步，在这种情况下贸然伤筋动骨，实恐得不偿失。

尽管如此，美颜还是必要的。当日木兰凯旋，“当窗理云鬓，对镜帖花黄”，曾让多少伙伴惊喜交加：“同行十二年，不知木兰是女郎。”确实，洗去十二年征尘的木兰，在伙伴的眼里，不也恍若脱胎换骨一般吗？把这动人的一幕置换到书稿上来，我也权做画眉张敞，弄粉调朱吧。

首要的“美颜”自然是洗其污垢。其中最大的“污垢”当属隋炀帝陵的位置。史载隋炀帝死后，辗转迁葬雷塘。隋唐时期雷塘的位置久已失载，清嘉庆十二年（1807 年），大学士阮元经考证，认定扬州市邗江区槐泗镇槐二村的土墩墓即为雷塘隋炀帝陵，并请时任扬州知府伊秉绶立石书碑。阮元为一代学宗，其说一出，几成定论。本书初版之时，也沿袭此说。然天不藏道，地不爱宝，2013 年，真正的隋炀帝墓在扬州市西湖镇司徒村曹庄发掘出土，千载之疑，至此冰释。此番修订，自当存真去伪，改用新说。除此之外，还有若干其他讹谬，此次修订也一并改正。盖史书之事实错误犹如美人之面上污点，这类修正，算是洗了污垢。

其次的“美颜”是增其华彩。原书稿脱胎于《百家讲坛》讲稿，以当时口语成书，虽有“如闻其声”之得，却也有“文不雅驯”之失。此次修订，一律润饰，冀少增文采。这类笔削，散在章章节节，字字句句，看似简单，但操作起来，才真正理解古人“推敲”之不易。盖文辞之简陋伧荒犹如美人之粗服乱头，这类修订，算是施了淡妆。

袁枚诗云：“爱好由来下笔难，一诗千改始心安。阿婆还似初笄女，头未梳成不许看。”想来阿婆白发皤然，纵使梳头，难夸云鬓。但洗面施妆，终是爱己尊人之举，其情可感。俾观者知之，不亦乐乎？

蒙曼

2020年3月23日

序言

2011年“五一”的时候，我乘火车过九江，听江声浩荡，不由得想起隋文帝来。

当年，隋朝的大军就是在这里集结，准备过江的。那些从蒙古草原、黄土高原上走下来的将士们，面对这汤汤流水，会是怎样的心情呢？他们是否意识到，自己正在缔造一段崭新的中国史？还有，他们的统帅，隋文帝杨坚，是否足够意识到了自己这个决策的历史价值呢？

那个曾经叫普六茹那罗延的孩子，沾染了一身胡气，文化程度不高，但是拼命想建立一个理想政府，想要像自己心目中的圣君一样，君临天下的皇帝啊。因为理想高远，所以他克己复礼、励精图治，这让他远远地超越了侪辈，成为中国历史上贡献最大的英主之一，也让他的王朝能够凌驾于乱象丛生的魏晋南北朝之上，和唐朝一起，共同构成中国历史上最繁盛的时代。以功业而言，这是一个配得上“千古一帝”称号的皇帝。

但是，这只是隋文帝的一面，正如惊世的武功、焕然的典章、干云的豪气，也只是隋朝的一面一样。隋文帝的另一面，大概是冷硬与无趣吧。隋文帝有一点音乐素养，谱过两支曲子，一支叫

《天高》，另一支叫《地厚》。曲子的具体韵律当然早已无从知晓，但是，其精神基调，据说是在赞美帝王之道与后妃之德。

这样的艺术品位与生活情趣，争如唐朝的风流天子李隆基！当年，李隆基潇洒地对大臣讲，“吾得贵妃，如得至宝”，一曲《得宝子》由此诞生。一个一脸严肃，另一个满面春风；一个谆谆教诲，另一个浅吟低唱，谁能阻止我们私心爱慕李三郎呢！甚至连他和杨贵妃的不伦之恋，我们都能拔高为“在天愿作比翼鸟，在地愿为连理枝”的千古绝唱，而隋文帝终其一生，和老妻独孤伽罗同眠同起，言笑晏晏，反倒成为怕老婆的笑柄。唉，人啊人。

但是要注意，我并非一味地给隋文帝鸣不平。我知道，人们不太喜欢隋文帝，并不真的因为他为人过于严肃，更不是因为他坚守一夫一妻的道德原则，而是因为，他的内心缺乏一种柔度，缺乏一种对人的真实同情。他有理想，就要求全国人民和他一样有理想；他有道德，就要求全国人民和他一样有道德；而且，在内容与程度上都不允许有任何差异。这种信念过了头，就把人变成了机器。

这种机器一般的感觉，体现在他苛责儿子，不教而杀上；也体现在他为了确保仓库的存粮量，宁可和百姓一起逃荒，也不肯开仓放粮上，甚至还体现在里坊森列，严整如棋局般的大兴城上。他建立了那么多好制度，却没有真正弄清楚，所有的制度都是为人服务的。

恰恰相反，他一心希望把所有的人都约束在规范之下，而当这个规范无限大的时候，人就会被压缩得无限小，小到如同蚂蚁一般，这不就成了时代之殇吗？

这样的价值取向，让隋文帝可以成为有为的君主，但不会是有道的君主，更不会是有情的君主。这样的统治方式，也使整个大隋王朝陷入了一种只有气度而没有温度的迷局。这是隋朝如流星般焕发出瞬间光彩的依据，同时也是它如流星般瞬间陨落的根源吧。

由隋文帝，我又不免想到隋炀帝。

我觉得，隋朝最有魅力的两位男士，一位是隋炀帝，另一位是隋炀帝的功臣——杨素。

谁不知道风尘三侠的故事呢？红拂女、李靖和虬髯客，多么迷人的武侠经典！问题是，如果没有杨素放行，身为杨府家伎的红拂怎么能夜奔成功呢？谁又不知道破镜重圆的故事呢？落魄的徐德言、已经沦为侍妾的乐昌公主，如果不是杨素慷慨玉成，单凭一块破镜、一段痴情，怎么敌得过世事沧桑、陵谷变迁！隋炀帝就更不用说了，那样的美男子，那样的大诗人。他的《饮马长城窟行》，“肃肃秋风起，悠悠行万里。万里何所行，横漠筑长城”。慷慨质朴，直逼魏武帝曹操。难怪他会自负地说：“天下皆谓朕承藉绪余而有四海，设令朕与士大夫高选，亦当为天子矣。”天下都说我是因为我爸是皇帝才当上皇帝的，其实不然，如果让我和天下文人士大夫比才学，我还是皇帝！这样的霸气，这样的才情，再配上东狩西巡、倚红偎翠的事迹，谁能否认他的魅力呢？

可是，就是这样两位潇洒倜傥的美男子，就是这些熠熠生辉的风流佳话，却也拖着那么浓厚的阴影！当我们津津乐道于杨素的慈悲时，会不会想起他的敢死队中，那些只许进、不许退的普通战士？或者，当我们陶醉于隋炀帝的风采时，会不会想起在他改天换地的急政之下，那些扔下锄头、离开家乡、开河筑堤、转死沟壑的平凡农夫呢？慷慨悲歌的英雄背后，是千千万万个很难发出声音的愚夫愚妇吧！但是，一旦他们发出声音，那可就是惊天动地的呐喊了。

这呐喊声最后消失在唐朝，消失在唐朝初年的仁政里。我们都知道一句话，叫唐承隋制。唐朝保留了隋朝所有的好制度，只是增加了一条“水则载舟，水则覆舟”的深刻认识而已。常常听人议论唐朝的豪迈气象，但是我倒觉得，隋朝是刚，唐朝是柔；隋朝是骨，唐朝是肉。刚柔并济、骨肉相连的时候，中国历史上最强盛的时段——隋唐盛世才真正诞生。千载之后的我们，面对这段历史，除了惊叹与艳羡之外，是否还可以有更深的思考呢？

写到这里，我再一次深感幸福，探索历史的幸福。历史总让人升腾起理想，又让人产生回到现实的力量。就是这深邃而厚重的历史让我们知道，不管理想有多高远，在现实世界中，我们都得一步步走过，不能跑，更不能飞；也是同样的历史让我们知道，如果没有高远的理想，我们甚至连下一步都无从落脚，只能在歧路徘徊。

蒙曼

2011 年 6 月于京西寓所

目录

隋文帝统治时期，诞生了一个流传千载的称号——“开皇之治”。可想而知，在人们的心目中这是一个政治清明、经济富庶、人民生活安定的时代。那么隋文帝在当政期间都有什么建树？社会状况究竟如何？

隋文帝是位好皇帝，但未必是好爸爸，治国有法的人未必治家有方。他当政之后遇到的最棘手的问题其实就是家庭问题，确切地说，是太子杨勇的问题。嫡长子杨勇在开皇元年（581）就被立为太子，一直接受严格的政治训练，他的政治表现也不乏精彩之处，本来应该顺利接班。但令人遗憾的是，不知是“太子”这个位置太敏感，还是皇帝的要求太高，随着时间的推移，杨勇似乎越来越不入父皇母后的法眼，他的太子之位也随之摇摇欲坠。这究竟是怎么回事？

第一章 再平江南

开皇九年（589），隋文帝仅仅用了不到两个月的时间，异常顺利地打败陈朝，统一南北。但就在第二年，陈朝的旧境全面发生叛乱，隋朝又被重新卷入战火之中。江南为什么会发生叛乱？先前的顺利和此时的反弹之间有什么关系？隋朝的统治者到底做错了什么事情，让江南人民无法接受？

一、江南再叛

隋朝仅用不到两个月的时间就结束了陈朝的统治，实现了全国的统一，整个战争进行得顺风顺水，让隋文帝君臣很是得意了一把。

但是，谁也没有料到，就在平陈之后不到两年，也就是开皇十年（590）年底，一场席卷陈朝旧境的叛乱全面爆发，重新把隋朝拖入战乱之中。

江南为什么叛乱？

首先，因为隋朝在江南处置失当，失了人心。

根据史书记载，隋文帝把陈后主俘虏到长安之后，每次宴会都叫上他，让他享受三品待遇。奏乐的时候，怕他听到家乡的音乐伤心，从不当着他的面演奏江南音乐。听说他整天喝酒，隋文帝先是想劝他少喝，后来又怕他不喝酒更苦闷，就让有关部门敞开供应。这样体贴入微，让陈后主心情非常轻松。

南方是鱼米之乡，陈后主到长安之后也入乡随俗，不吃鱼，改吃肉了。他特别爱吃驴肉，想来一定打心眼里认同“天上龙肉，地下驴肉”的说法。生活幸福了，陈后主还主动跟隋文帝要官做，小日子过得相当滋润。这正是全拜隋文帝所赐。

可能读者会疑惑，隋文帝的安抚工作做得挺好啊，怎么还会失去人心呢？隋文帝对陈后主确实不错，但是，对江南其他人就没有那么好了。

举个破镜重圆的例子吧。陈后主有一个妹妹，被封为乐昌公主，嫁给太子舍人徐德言为妻。夫妻俩郎才女貌，非常恩爱。徐德言是一个有政治眼光的人，他看到陈后主昏聩，国事衰微，预感到陈朝可能会被隋朝吃掉，就对乐昌公主说，一旦国破家亡，凭着你的才气容貌，一定会被掳入豪门。咱们夫妻恩爱一场，倘若情缘未断，还望有相见之日，到时候应该有信物为凭。什么样的东西做信物好呢？两人一商量，就把一面铜镜破成两半，夫妻俩各拿一半，约定以后如果夫妻分离，就每年正月十五去市场卖半面镜子，用这种方式给对方发信号。

后来，隋朝灭陈之后，乐昌公主果然作为战利品，被赏给了大将军杨素当小妾，跟杨素到了长安。而徐德言则天涯落拓，亡命江湖。

杨素很宠爱乐昌公主，但公主心里还是想着徐德言，每年正月十五都让老仆人到市场上去卖镜子，而且故意要价很高，当然从来无人问津。

过了好几年，徐德言终于漂泊到长安，正月十五这天，他也怀揣半面镜子去了市场。到那儿就看见一个老头在高价卖半面镜子，徐德言把自己的镜子往上一对，严丝合缝。爱妻终于找到，徐德言当然非常高兴。赶紧向老头打听妻子的下落。老头讲，乐昌公主现在杨素府上。杨素可不是一般人，徐德言一下子就心凉了半截。怎么办？思来想去，他没敢贸然前往，就在镜子上写了一首诗：“镜与人俱去，镜归人未归。无复姮娥影，空留明月辉。”当年镜子和人一块儿离开了我，现在镜子回来了，可是人却回不来。我再也不能在镜子里看到我妻子像嫦娥一样的身姿了，镜子里只留下一片明月的光辉。

徐德言让老仆人把题了诗的镜子带回去给公主。公主一看丈夫的笔墨，顿时泪流满面。一连几天都郁郁寡欢。杨素问怎么回事，乐昌公主据实相告。杨素一听，居然还有这样的奇事！一时心动，就派人找到徐德言，请他吃饭。夫妻两人终于又坐在一起了，泪眼相望，原来风流倜傥的徐德言已经两鬓斑白，而金尊玉贵的乐昌公主也已经成为他人的小妾。夫妻相对，真是恍若隔世。

正尴尬之际，杨素令乐昌公主赋诗一首，公主应声说道：“今日何迁次，新官对旧官。笑啼俱不敢，方验做人难。”今天到底是什么日子？我的前夫和我的现任丈夫居然都到了眼前。面对这两个人，我哭也不敢，笑也不敢，这才体会到做人何等艰难！一首诗道尽了人生的辛酸。

杨素也是个风流人物，深受感动，就成人之美，把乐昌公主交还给徐德言，还送他们一笔钱，让他们回江南终老。这就是成语“破镜重圆”的来历。

这个故事结局很美丽，问题是，有多少人能有乐昌公主这样的好运气呢？可以想象，在这么一个传奇的特例之后，是千千万万普通人的悲惨命运。

当时，上至王孙公主，下至平民百姓，肯定有无数江南女子被掠入北方，也肯定有无数江南士人失去了原来的社会地位。到处是妻离子散，家破人亡。按照《隋书》的记载，“江南士人，悉播迁入京师”，这当然给社会造成了极大的动荡。

其次，隋朝对江南的社会改造太急了。南朝是典型的士族社会，皇权比较衰弱，政府对社会的控制也比较宽松，世家大族、地方领袖乃至少数民族首领，都为所欲为。

举一个典型的例子，陈朝占据长江以南那么大地盘，经济发展又那么好，居然只有二百万人口，看起来非常不合理。江南人为什么这么少？其实不是江南真的人少，而是大部分人都成了豪强大族的依附人口，国家根本统计不上来。

但是，到了隋朝就不一样了。隋朝皇权强大，怎么能够容忍江南士族为所欲为，跟国家争夺社会资源呢？所以，平陈之后，马上按照隋朝方式来改造江南社会。改造方式分为如下三种。

第一，实行州县两级制，撤销原来的郡级行政建制。

第二，州县长官都换成北方人担任，原来的官员或者押往北方，或者退职在家，基本不再留用。

第三，在乡村设立乡正、里长，检查户口。

这些措施对不对？从大的方向来讲是对的，有利于加强中央集权，也符合社会发展的方向。但是，做得太急了，不仅触犯了官员和世家大族的切身利益，也让老百姓非常不习惯，这当然会引起他们的反抗。

再者，隋朝对江南的文化政策太高压了。怎么高压？有两件事处理得很不得体。

第一件，限制佛教。隋文帝自己是佛教徒，在北方也一直弘扬佛法，但是，在江南就不一样了。江南佛教势力大，隋文帝害怕有人利用宗教蛊惑民心，所以，平陈之后，他宣布，每州只能设置两所佛寺，其余的都要废弃。杜牧的《江南春》说得好，“南朝四百八十寺，多少楼台烟雨中”，寺院林立，梵呗悠扬本来就是江南人司空见惯的样子，也是他们重要的精神寄托，现在每州只剩下两座寺庙，老百姓哪能接受呢？

第二件，信奉五教。隋文帝限制老百姓信佛，转而向他们推行五教。所谓五教，就是父义、母慈、兄友、弟恭、子孝五项内容。平陈战争刚一结束，隋朝的文化专员就下江南了，给江南人民宣讲五教。而且，每一项都做了长篇大论的注释，还要求江南人人背诵。

平心而论，这几条伦理原则本身并没有什么错，隋文帝也是希望百姓能够通过学习，移孝作忠，都成为国家的顺民。问题是，他的做法太夸张了。

自从南北分裂以来，江南一直以文化正统自居，文化水平比北方高很多，现在北方人居然到江南来推行文化，这不是班门弄斧吗？而且，父义、母慈、兄友、弟恭、子孝的条目背后还有大量的注解，当然都是大肆宣传隋朝的好人好事，德音善政，宣传的味道过浓，宣传的方式又过硬，自然令人不快。不仅世家大族、知识分子反感，普通江南百姓也特别反感。

总之，可能正是因为平陈战争太顺了，所以，隋朝的统治者对江南问题的复杂性认识不足，自我感觉过于良好，结果造成了统治政策的简单粗暴，因此也激起了江南人民的普遍不满。

开皇九年（589），隋军进入江南地区时，老百姓还望风迎降，转过年来，到开皇十年（590）年底，民间的风向就转了。老百姓纷纷谣传，隋朝不仅要把他们的官员、文人迁往北方，还要把普通老百姓也统统迁到北方去。

要知道，中国人安土重迁，故土难离。这个谣传一出来，马上，江南的造反也就开始了。大的队伍有几万人，小的队伍有几千人。一路攻城略地，见到隋朝派来的官员就杀，杀了之后还不解恨，还要抽他们的肠子，吃他们的肉，一边杀，一边骂："更能使侬颂五教耶！"我吃了你，你还能让我背五教吗？

这场起义的规模到底有多大？江南户籍人口一共才二百万人，其中三十多万人都参加了造反。这差不多就意味着全境皆反了。

二、杨素高压

面对乱局，隋文帝只好赶紧组织平叛，他第一时间派出了杨素。

为什么派杨素？两个原因。

第一，杨素参加过平陈战争，对江南熟悉，比较有经验。

第二，杨素治军严格，作风冷酷，战无不胜。

根据史书记载：杨素每次作战前都故意找碴儿，只要手下士兵犯点小过错，他就军法处置。每次杀人，少则十几人，多则上百人，流血满地，而杨素却言笑自若。这就叫立威。告诉士兵，谁要是不听命令，就是自讨苦吃。

这还不算，每次两军对阵时，杨素都先让一二百人前去迎敌，若取胜自然重赏，如果打了败仗回来，无论回来多少，全部斩首。然后让二三百人再去，不胜照杀不误。这样一来，部下就知道了，只要不能取胜，回来也是死，所以只能拼命厮杀，这样就可以战无不胜了。

可能有人要说，杨素这样残酷，手下难道不造反吗？并不造反。因为杨素有一个优点，赏罚分明。在他手下当兵，只要有战功，他一定有办法给你讨得朝廷的封赏，绝对不会埋没任何人的成绩。在他手下干，进步快，所以将士都愿意追随他，他的军队也素称骁勇。

既然杨素如此英雄，隋文帝当然第一个就想到了他，希望他还能像平陈战争那样，打出威风来，尽快结束战斗。

那么，是开皇九年（589）的平陈战争更难，还是这次的平叛战争更难？

虽然平陈战争规模大，但是，论起战争的复杂程度，还是这次平叛难。因为平陈战争是政府军和政府军之间的较量，只要打败敌人主力，攻破敌方首都就大功告成。但是这次平叛可不一样，扑灭这支队伍，还有那支队伍，占领这座城池，还有那个山洞。这是陷入人民战争的汪洋大海之中了，能不难吗？

果然，杨素到江南之后，马上就意识到困难了。而且，越往江南的腹地打，就越困难。因为每座山、每个洞都可能有武装分子。纯粹是打游击，必须各个击破。个中甘苦，真是不足为外人道。

举个例子。很多人在电影里看到过漂流瓶的故事。现在的漂流瓶一般都记载男女主人公的爱情故事，自带浪漫情调。但是，很少有人知道，隋朝也有人用过漂流瓶。谁呢？著名的一级战斗英雄，敦煌戍卒史万岁。

当时，史万岁跟着杨素一起来平叛。杨素自己主攻一个名叫高智慧的叛乱分子，让史万岁带两千士兵去剿灭那些小股部队。史万岁就从浙江的东阳沿小道向婺州（今浙江金华）进发，然后再从婺州向东打，一路翻山越岭，转战一千多里，中间大大小小的战斗打了七百多次。

古代通信落后，他们又是一直在山里转，有一百多天音信全无，所有人都以为他们全军覆没了。结果有一天，有人在下游打水，忽然看到从上游漂下来一个竹筒，不像是自然形成的。这人捡起来一看，里面还有一封信，信里就写着史万岁这一百多天艰苦转战的经历，什么狼虫虎豹、断粮断水、敌军围困之类的倒霉事几乎全经历过了。

打水的人把这封信交给杨素，杨素一看，真是催人泪下，马上派人去接应史万岁，同时上报隋文帝。

隋文帝也觉得太不容易了，赶紧给史万岁家赏钱十万。这样的漂流瓶故事，可一点儿浪漫气息都没有，相反，它充满了艰辛和绝望，也引起了最高统帅的深深思考：单纯的军事路线真的能解决问题吗？

反思的结果是隋文帝改变战略了，他觉得，江南的问题不是单纯的军事问题，还包括复杂的社会问题。

既然如此，隋文帝就要两手抓了。他增派了晋王杨广。不过，杨广此行的主要目的可不是打仗，而是为了怀柔。

三、杨广怀柔

为什么选杨广？两个理由。

第一，和杨素一样，他参加过平陈战争，熟悉江南情况。

第二，也是更重要的原因，杨广对江南有感情。

杨广的王妃萧氏是后梁的公主，这个王妃可大有来历。梁朝有个著名的昭明太子，修了一部《昭明文选》，在中国古代文学史上鼎鼎有名。萧妃就是昭明太子的玄孙女，文化素养极高。杨广受她的影响，也非常好学，而且对江南文化极其推崇。推崇到什么程度？他不仅学江南的诗风、文风，甚至学了一口吴侬软语。杨广不是执行怀柔政策的最好人选吗？

杨广不负众望，一到江南，就做了两件大事。

第一件大事，拉拢儒家知识分子。陈朝有个博士叫潘徽，精通“三礼”。当年隋陈通好的时候，隋朝往陈朝派使者，每次都派有学问的人，以示大国尊严。相应地，陈朝也妙选高人接待，绝不示弱。有一次，隋朝方面派去了一个礼学家，陈朝三思之后，决定派潘徽接待。两个礼学家一交谈，潘徽引经据典，滔滔不绝，把隋朝派过去的礼学家说得理屈词穷，心服口服。从此，潘徽在隋朝也扬了名。此时杨广下江南，先把潘徽罗致在自己的幕府之中，让他领衔修《江都集礼》，当主编。既然当主编，那下面就有一群执笔人了，这些执笔人当然都是江南著名的文人。

就这样，通过潘徽，通过修书，杨广就把一批江南儒生笼络过来，为他服务。儒学是中国古代社会的基本根基，把儒生笼络住了，对整个社会当然会有影响。

第二件大事，拉拢佛教高僧大德。前面说过，江南佛教发达。当年梁朝的梁武帝就曾四次舍身同泰寺当寺奴。后来的陈后主也热衷此道。连皇帝都尚且如此，可见当时江南人的信仰程度。既然佛教影响力大，那就好好借助吧。怎么借助？

杨广去找一位著名的智顗大师。此人俗家姓陈，是士族后裔，也是江南佛教界的头号人物。当年，陈后主非常敬重他，还曾经把他接到宫里去，行三拜之礼，请他讲经说法。既然是领袖人物，杨广当然要倾心结交。他一到扬州，就先派人去请智顗大师，自称弟子杨广，请他到江都弘法。这已经足够给面子了，但智顗大师也是个傲岸人物，征服者发出邀请，他哪会轻易接受？婉言谢绝了。

可是，他谢绝不要紧，杨广有耐心。拿出刘备三顾茅庐的架势，接着请。一次比一次恭敬。请了三次之后，智顗大师终于却不过情面，驾临江都了。这可给了杨广表现的机会。

他在扬州总管府内设千僧会，组织一千个高僧大德迎接智顗，场面相当隆重。而且，就在欢迎会上，正式拜智顗为师，受菩萨戒。既然拜师了，老师给起个法号吧。智顗给杨广起的法号叫“总持菩萨”。“总持”是梵文音译，就是“持善不失，持恶不使起”，也就是扬善抑恶，而菩萨则是留在红尘，拯救众生的佛。从这个法号就可以看出来，智顗大师对杨广寄予了相当高的期望。

师父给徒弟起法号，徒弟也得给师父上尊号。杨广给智顗一个“智者大师”的尊号，称赞老师大彻大悟，全知全能。从此，师徒二人亲密交往，光保存下来的往来书信就有四十多封。这种态度，当然受到佛教界的好评，同时也得到全社会的认可。

从这两件事，就可以看出来，杨广其实是在修正隋文帝的文化政策。隋文帝简单粗暴地让北方人给南方人当老师，教人家五教，杨广就充分尊重南方儒家知识分子，让他们自己编书；隋文帝限制江南佛教的发展，杨广就尽自己的力量在江南护法。通过他这种“随风潜入夜，润物细无声”的工作方式，让江南的民心平服了不少。

这难道不是和隋文帝对着干吗？当然不是，这才是杨广的聪明之处，隋文帝让他来，就是让他怀柔江南，平复民怨的呀。就这样，杨素用武，杨广用文，经过杨素与杨广“胡萝卜加大棒”的共同攻势，到开皇十二年（592）年底，江南的叛乱终于被平定。

四、岭南归顺

但是，这还不算完。江南之外，还有岭南。所谓岭南是指五岭之南的珠江流域。此前秦汉时期已经被纳入中央政府的版图，但是随着汉末动乱，中原政权的控制力减弱。到了南北朝时期，随着江南政权的成长，岭南接受了江南政权的管理，但是，仍然具有相当大的独立性。

而在隋陈嬗替之际，说到岭南地区，就不得不提到中国历史上一个著名的巾帼英雄——冼夫人。冼夫人名英，娘家是俚族，是百越地区的大首领。冼夫人的丈夫叫冯宝，是汉人，本来是十六国时期北燕皇帝的后裔，亡国后逃到岭南，在南朝为官。

一个外人在少数民族地区工作当然不容易，所以，冯宝就娶了冼夫人，依靠夫人的威望进行统治。这样一来，冯宝也就有了双重身份，既是朝廷命官，又是部落首领。后来，冯宝去世，冼夫人顺理成章地继承了他的双重身份，一方面是岭南几千个部落、十几万户百姓的头领；另一方面也归顺陈朝，当陈朝的官。

陈朝灭亡以后，岭南群龙无首，大大小小的头领就共同推举冼夫人为王，叫她 “圣母”，请她带领大家保境安民。这是义不容辞的事情，冼夫人当仁不让。

可是，就在这时候，隋朝派了一个叫韦洸的大臣担任广州总管，想要接替陈朝，对岭南行使主权。这是考验冼夫人的时候了，接受不接受隋朝的统治？冼夫人说，这事儿我说了不算，韦洸，你说了也不算。我身为陈朝的命官，就得听陈后主的命令，他让我投降我才投降。

那韦洸怎么处理呢？直接往前打是行不通的。岭南地区地形复杂，气候复杂，民族更复杂，没有冼夫人的同意，韦洸真不敢贸然往前闯。于是，他把矛盾上交给了杨广。

当时，杨广正担任平陈总指挥，就让陈后主给冼夫人写了一封信，告诉冼夫人，陈朝已经灭亡，夫人还是归顺大隋吧。可是，空口无凭，陈后主又把冼夫人当年献给他的犀牛角手杖和信一起交给使者，作为信物。冼夫人一看到犀牛手杖，确认这是陈后主的意思后，这才召集几千个部落首领向北痛哭一天，然后正式归顺隋朝，还让自己的孙子冯魂把韦洸接进了广州城。

本来，岭南问题到这里已经圆满解决了，但是平陈之后，隋朝对整个陈朝旧境都实行高压政策，岭南也不例外。所以，韦洸在这里也作威作福，想要让岭南少数民族地区和中原执行一样的政策。

这样不顾民风民情的事怎能行得通呢？岭南的大小首领憋了一肚子火。后来，江南地区起兵，岭南的一个部落首领王仲宣马上响应，把广州城围了起来。王仲宣一挑头儿，岭南好多部落首领也跟着反了。岭南一下子处于半独立状态。

这时候冼夫人的地位又重要起来了。冼夫人在岭南势力大，她帮造反派，岭南可能就会闹独立；她支持朝廷，则朝廷的统治就可能会维持下去。冼夫人到底怎么抉择？她慨然宣布：不管政治风云如何变迁，我就认准一个道理，既然已经归顺朝廷，那就要支持朝廷。不仅口头支持，她还派了自己的孙子冯暄率兵去增援广州。

可是没想到，冯暄本人就是倾向于造反的，所以，对冼夫人阳奉阴违，跟叛军串通好了，逗留不进。冼夫人一看孙子这么不成器，勃然大怒，马上派人把冯暄抓了起来，改派另一个孙子冯盎统兵，和朝廷派来的大臣一起讨伐王仲宣。有了她的支持，王仲宣之乱很快就被平定了。

这个立功的冯盎，就是唐玄宗时期的大宦官高力士的爷爷。

协助平定王仲宣还不够，冼夫人亲自身披铠甲，骑着马，张着伞，带领骑兵，护卫隋朝派来的使者巡抚岭南诸州。冼夫人威望极高，所到之处，部落首领纷纷前来拜谒，随同归顺。这样一来，岭南地区终于安定下来。就这样，因为冼夫人深明大义，忠君爱国，岭南问题也得以圆满解决。如此忠君爱国的夫人，怎么能不表彰？隋文帝下令册封她为“谯国夫人”，也就是妇女爵位中的一等。

这个谯国夫人和其他靠丈夫、儿子封为夫人的那些贵妇可不一样，按照隋文帝的诏令，谯国夫人可以自己开幕府，任命官吏，而且，任凭她处置岭南地区的所有部落兵，遇到紧急情况，还可以自行调兵遣将。

这意味着什么？

第一，当然意味着隋文帝对冼夫人的信任。

第二，这也意味着隋文帝对岭南地区政策的改变，不是一味地要求和中原整齐划一，而是可以因俗而治了，这才是长治久安的正道。

就这样，随着岭南地区的平定，原来陈朝旧境的反叛终于结束，隋朝对南方的统治也基本稳定下来。

综合来看，隋朝再平江南，有以下三方面的意义值得重视。

第一，打击了南方的士族和豪强，加强了中央集权。江南地区之所以反叛，在很大程度上是因为隋朝的政策触动了世家大族和豪强的利益。现在，通过一年多的平叛斗争，这些造反的大族和豪强或者被消灭，或者被削弱，对于隋朝加强中央集权具有积极意义，也符合历史发展的方向。

第二，这场战争让隋朝的君臣明白，江南社会分裂了三四百年，必然有其发展的特点，要想稳定统治，必须学会尊重这些特点。换言之，整个国家的军事、政治整合可能是一场战争就能解决的问题，但是，文化整合和社会整合绝对任重道远。有了这样的认识，隋朝的统治水平也就提高了。

第三，这场战争也让晋王杨广的威望提高了。平陈战争的时候，杨广虽然号称总指挥，但是，真正发挥作用的是宰相高颎，但是这一次，他扎扎实实地凭自己的智慧和力量为江南的再次平定做出了贡献，也给江南人民留下了美好的印象。这对于他以后的人生发展乃至整个隋朝的命运都至关重要。

那么，隋朝接下来还会面临什么问题？

第二章 计杀大义

她本是北周皇室的公主，为了和亲远嫁突厥，成为突厥的第一夫人。北周政权被隋文帝杨坚取代后，这位公主又被杨坚认作干女儿，封为“大义公主”。但她对杨坚覆其邦家、灭其宗族的行为，一直无法释怀，总想寻找机会替娘家报仇。但不幸的是，她不仅没有达到目的，反倒让自己也命丧黄泉。这究竟是怎么回事？隋文帝为什么不能容忍这个弱女子？

一、都蓝势盛

平陈之后，隋文帝当然要遍告主要邦交政权。其中，他特意挑选了一架从陈朝宫廷里缴获来的精美屏风，千里迢迢地送给了自己的干女儿大义公主，也就是突厥的可贺敦。可是，当时大概没人想到，这架屏风最终不但要了大义公主的命，而且促成了漠北草原各种势力的重新洗牌。这是怎么回事？

要想了解这件事的来龙去脉，得先了解一下开皇年间，突厥内部局势的变化。

开皇四年（584），突厥的沙钵略可汗对隋称臣。沙钵略可汗居住在蒙古草原的东部，和西部的达头可汗对抗。这种东西对立的局面是由隋朝促成的，隋朝对此也相当满意。

但是，开皇七年（587），沙钵略去世，弟弟处罗侯接了班，史称莫何可汗。隋文帝的干女儿大义公主也依照突厥风俗，嫁给了莫何可汗。

又过了一年，莫何可汗也去世了，可汗的位子又传给沙钵略的儿子雍虞闾，号称都蓝可汗。大义公主又依据风俗，成了都蓝可汗的妻子。

这个都蓝可汗可是个精明强干的人。他一方面对隋表现得非常恭顺，源源不断地从隋朝套取财力、物力支持，另一方面则是狐假虎威地借助隋朝的威望向西扩张。

到开皇十年（590），都蓝可汗的势力已经到达天山地区。都蓝可汗一得意，就把从于阗掠回来的一柄玉手杖献给了隋文帝。这个礼物一送来，隋文帝心里咯噔一下。没想到都蓝变得这么强了，他会不会有一天一统草原呢？这可不符合隋朝分而治之的战略意图。怎么办？隋文帝一直想找个机会敲打他一下，让他别太得意。正好，隋朝刚刚攻破陈朝，从陈后主的皇宫里掠夺了不少好东西。文帝下令，把其中一架屏风送给自己的干女儿大义公主。

为什么送这么一个礼物？两层意思。

第一层，示好，咱们是友好邻邦，你又是我女儿，我得了好东西，也想着你。这是浅层次的意思。

第二层，警告一下大义公主夫妇，我们大隋武力强得很，你看，陈朝不是那么快就被我们打败了吗？今天我可以把从陈朝那边缴获的宝贝送给你，明天我也可以把从你们那里缴获的宝贝再送给别人。所以，乖女儿，乖女婿，你们收敛一点，不要太张扬。这是深一层的意思。

这样想会不会是思之过深了？绝对不是。事实上，就在这之前，隋朝已经威胁过突厥一次了。

当时，突厥派使者到长安，朝见隋文帝，隋文帝问他：你知道江南有个陈朝，陈朝皇帝叫陈叔宝吗？使者说，知道。隋文帝招手把韩擒虎叫到突厥使者面前，说，你看看，这就是抓陈叔宝的人。韩擒虎本来长得威风，此刻配合隋文帝，把眼睛一瞪，真有降龙伏虎的气势，吓得突厥使者不敢抬头。

让韩擒虎亮相也好，送屏风也好，发出的都是同样的政治信号。那么，大义公主怎么回应这个信号呢？

从理论上来讲，大义公主既然是隋文帝的干女儿，就应该表现得兴高采烈才是。不仅要高高兴兴地接受，还要祝贺干爹取得这样大的成绩。可是，别忘了，大义公主本来就不是隋朝的公主，她是北周的千金公主，是在北周灭亡，前夫沙钵略可汗又穷途末路的情况下，才不得不委曲求全，投靠隋朝，做了隋文帝的干女儿，改叫大义公主的。对于隋朝公主这个新身份，她也一直不情不愿，难以认同。现在，看到陈朝的东西摆在自己面前，大义公主一下子触动心事了。这陈朝和北周，真是同病相怜啊！

本来，如果她丈夫都蓝没什么本事，还是靠隋朝的卵翼才能生存的话，大义公主即使心里难过，面上也不敢表现出来。可是，现在都蓝可汗强大了，大义公主有了底气，表达感情也就比较自由了。

大义公主是个有文化的人，有了心事，就会形诸笔墨。她在屏风上题了一首《书屏风诗》：“盛衰等朝暮，世道若浮萍。荣华实难守，池台终自平。富贵今何在？空事写丹青。杯酒恒无乐，弦歌讵有声。余本皇家子，漂流入虏廷。一朝睹成败，怀抱忽纵横。古来共如此，非我独申名。惟有明君曲，偏伤远嫁情。”盛衰就像早晨和晚上那样轮回，世道也像浮萍一样不定。荣华富贵不能常有，就像水池和高坡一样，都有成为平地的那天。我曾经的富贵又在哪里？只在这屏风的画里罢了。这画里的酒哪能给人带来快乐？这画里的歌又怎么会有声音？我本来是皇家的公主，现在不幸漂泊到了突厥的宫廷。目睹了这么多的兴衰成败，我再也忍不住热泪纵横。古往今来就是这样啊，这也不是我一个人的命运。尽管如此，听到王昭君留下的《出塞曲》，我还是忍不住产生远嫁天涯的悲凉之情。

大义公主这首诗，从文学欣赏的角度来讲相当不错，情真意切，感人至深。可从政治的角度来看就没那么好了。

这首诗一传到隋文帝的耳朵里，隋文帝马上意识到，大义公主始终忘不了北周的亡国之痛！忘不了北周，那不就是对大隋存有二心吗？开皇二年（582），沙钵略可汗大举进犯隋朝，就是因为大义公主（当时还叫千金公主）撺掇着要给娘家报仇。现在，都蓝的势力正在逐步增大，如果大义公主再从中挑唆，会不会对大隋构成新的威胁？想到这里，隋文帝开始对大义公主警惕起来。

在这种情况下，又发生了一件事，一下子让隋文帝对大义公主的敌意升级，从警惕变为必欲除之而后快了。

根据史书记载，开皇十三年（593），有一个叫杨钦的隋朝犯人逃窜到了突厥，指名要见大义公主，声称有一个重要的信息带给她。什么信息呢？杨钦说，大义公主的姑姑宇文氏和她的丈夫，也就是北周驸马刘昶，打算起兵反隋，希望能和突厥联手，先派他来跟大义公主通个气。

这件事其实颇为蹊跷。这位北周驸马刘昶也是个将军，在隋朝的位置还挺高。但是，已经又老又病，干不成什么大事了。

既然如此，杨钦为什么说他想要反隋？因为他有个不成器的儿子，叫刘居士。此人是个不折不扣的恶少，任侠使气，胡作非为。经常以交朋友为名，把一些公卿贵族子弟骗回家中，让几个家奴一哄而上，把他们的头塞到车轮里，然后拿起大棒一顿乱打，挨打的人如果求饶，他会觉得这个人是软骨头，没意思，从此不再交往。但是，如果有人宁死不屈，他就会非常高兴，把这样的人称为壮士，视为知己。

人有性格就有魅力，刘居士这样胡作非为，居然也真的纠集了三百个死党。这三百人经常凑在一起，寻衅滋事，以致长安城没有不怕他们的。

这也罢了。隋文帝建了新都后，原来北周的都城就不用了。刘居士居然带着党徒跑到废弃的北周正殿未央殿前，自己面向南端坐，让党羽站在两边排班罗拜。这是公然模仿皇帝。

刘居士肆意妄为，言行出位，他爸爸刘昶又是北周驸马，有好事者就把这两件事联系到一块儿，说刘昶父子想要造反，光复北周。杨钦正是好事者之一。此时，他就把这个情报添油加醋地献给了大义公主。

这样看来，刘居士确实是纨绔子弟，不知死活，但是，尽管如此，离谋反尚有十万八千里，跟有计划的内外勾结，起兵反隋更是一点都不沾边。

可是，大义公主为娘家报仇心切，再加上古代通信不发达，她也没有太多的渠道可以核实情报，所以，马上把这不靠谱的消息当真了。既然姑姑、姑父和侄儿都打算起兵，我怎能不出手相助呢？

问题是，都蓝一直跟隋朝关系不错，怎么说服他起兵？大义公主想来想去，先去找她的情人了。

大义公主身为可贺敦，怎么还有情人？其实这也很好理解，自从和亲以后，她的丈夫换了一个又一个，太频繁了，估计跟哪一个感情都不深，完全是政治婚姻。既然如此，索性自己找乐子。所以，大义公主就找了个情人。

这个情人叫安遂迦，是个九姓胡，能歌善舞，很讨人喜欢。不仅是大义公主的情人，也是都蓝的宠臣，犹如《红楼梦》里在贾琏和凤姐手下都吃得开的俏丫鬟平儿。因为有这样的双重身份，又能说会道，大义公主就让安遂迦先帮她去游说了。

安遂迦怎么游说呢？他对都蓝可汗说，现在我们已经很强了，不必总看隋朝的脸色，也该抖抖威风，恢复祖上的光荣。九姓胡在突厥部落中经常扮演军师的角色，都蓝也觉得他说得有道理。

安遂迦游说之后，大义公主再跟都蓝吹枕头风，告诉他，隋朝内部不稳，已经有人跟我联络了，想要跟咱们一起，里应外合，共同对付隋朝。机不可失，时不再来，你好好考虑考虑吧。

那么，都蓝可汗是什么反应？听两人这么一说，他也动心了。虽然他自己也好，他爸爸沙钵略可汗也好，都是靠着隋朝才有的今天，但是俗话说，人一阔脸就变，现在都蓝既然实力强大了，也就不怎么把隋朝放在眼里，又听说隋朝内部不稳，侵略的本性马上就暴露了出来，开始跃跃欲试，动了趁火打劫的心思，对隋朝就不再像原来那么恭敬了。

隋文帝也不是傻子，都蓝态度一变，他马上就感觉出来了。问题到底出在哪里？得派人去探听一下。隋文帝派出著名的外交家长孙晟，让他出使突厥，打探情报。

长孙晟一去就发现，都蓝果然气焰见长，大义公主表现得更是露骨，说话的时候鼻子不是鼻子，眼睛不是眼睛的。什么原因让他们如此放肆？

长孙晟可是个大名鼎鼎的情报专家，很快就调查清楚了，原来是叛臣杨钦在这里捣鬼，让大义公主想入非非，这才撺掇都蓝，生了不臣之心。而且，据说大义公主嫌都蓝的胆子不够大，步子不够快，已经背着都蓝，自己悄悄跟西边的小可汗联络上了，打算纠集突厥各部，起兵攻打大隋。

长孙晟回来一汇报，隋文帝勃然大怒。好你个大义公主！你写诗发泄一下不满也就罢了，居然还敢来真的！要知道，突厥的可贺敦和中原的皇后可不一样，那是有实实在在的政治影响力的。有这么一个仇视大隋而又手段高明的公主在，大隋怎能踏实得了？这样一来，隋文帝也就对大义公主动了杀心。

二、计杀大义

怎样才能除掉大义公主？没过多久，隋文帝又派长孙晟出使突厥。这次出使的目的非常明确，就是要挑拨都蓝可汗和大义公主之间的关系。

长孙晟一到突厥，就跟都蓝可汗索要杨钦。长孙晟说，我们获悉，有一个正在通缉的逃犯杨钦就隐藏在突厥，此人犯了“国家安全罪”，我们希望把他“引渡”回国受审。

都蓝受大义公主的煽动，已经对隋朝三心二意了，就推脱说：“检校客内，无此色人。”检查了所有的外来客人，并没有你说的这个人啊。

既然可汗说没有，那就没有吧，长孙晟什么也没说，就下去收集情报了。

有钱能使鬼推磨，长孙晟很快就买通了都蓝可汗帐下的一个达官（头领），把杨钦的隐藏地点摸清楚了。夜深人静的时候，长孙晟带着几个人直扑杨钦隐藏的营帐，到那儿就把他捆了起来，带到都蓝可汗面前。

都蓝可汗一看谎言被揭穿，非常尴尬，脸一阵红一阵白。没想到，让他更尴尬的事情还在后头。

长孙晟说，我知道可汗为什么骗我，这一定是大义公主的意思。问题是，您为什么那么听大义公主的话？您知不知道，她天天骗您！是不是她告诉您我们隋朝内部有人想造反，杨钦就是联络员？我可以负责任地保证，这完全是假的，我们内部安定团结得很。她这样说，无非是要挑唆您和大隋作对。她在政治上骗您也罢了，在感情上也骗您，我有确凿证据，那个整天在您面前花言巧语的安遂迦，就是她的情人！

接着，一桩桩、一件件的猛料开始爆出来，和今天相比，就差没有出示视频了。

自己的可贺敦跟胡人私通，而且连千里之外的隋朝人都知道了，都蓝居然还被蒙在鼓里，这对他的打击太大了。一时间，都蓝恨不得杀了大义公主。本来，长孙晟只要捉拿杨钦，现在，都蓝一气之下，把安遂迦也绑起来交给了长孙晟，说这个人你也带回去处理吧，要杀要剐随你便，总之我是再也不想看到他了。

这样一来，隋朝就成功地离间了都蓝和大义公主的关系。

不过，光是揭露大义公主私通还不行。因为突厥民族对贞操不像中原看得那么重。虽然眼前是剑拔弩张，但是没准儿过两天，大义公主给都蓝赔个礼，道个歉，夫妻就重归于好了。

怎样才能彻底解决问题？隋文帝又用了美人计。

长孙晟他们这帮使者刚走，隋朝又派第二批使者来了。长孙晟是来突厥要人的，这批使者正好相反，是来给突厥送人的。

怎么送？使者到了都蓝面前，先宣读皇帝的诏命，说大义公主对隋朝图谋不轨，所以从即日起废黜大义公主。宣读完废黜诏书后，一挥手，从后面出来四个美女。使者说，这是皇帝陛下送给可汗的礼物。虽然我们不认公主了，但是隋突友好还在，我们希望和可汗能继续交往下去。

隋文帝这是在干什么？这是在怂恿都蓝杀大义公主。废黜她的公主封号，是告诉都蓝，从此之后，公主已经不受我们的外交保护了，你愿意怎么处置就怎么处置，不用害怕影响我们之间的关系。

那赐给都蓝四个美女又是什么意思？这是大义公主的替代品。所谓“旧的不去，新的不来”。现在，新人我都给你送来了，这旧人你还有什么舍不得的？你杀了她吧。

那么，都蓝到底上没上钩？一半一半。一方面，都蓝确实被美人迷住了，整天围着她们团团转，彻底把大义公主冷落到了一旁；但是，另一方面，他也并没有废掉大义公主，更没有杀她，大义公主名义上还是都蓝的可贺敦。这当然也是都蓝的政治智慧。

问题是，他这样的态度可太让隋文帝郁闷了，这个都蓝，怎么如此没有丈夫气概呢！

只要大义公主还活着，就是一个隐患。怎么办？

正在这时候，突厥内部出了一个野心家，最终帮隋朝把问题给解决了。谁呢？都蓝的堂弟，突利可汗。

突利可汗名字叫染干，受封在北方，是都蓝手下的小可汗。此人虽然是个小可汗，但是野心不小，他看到都蓝因为有隋朝的支持，这几年蒸蒸日上，也派使者来向隋文帝求婚。

要不要跟这个小可汗联姻？隋文帝其实并没有想好。不过，不管以后怎么样，现在不妨先利用他一下再说。于是，隋文帝就对使者开出条件，说："**当杀大义主者，方许婚。**"杀了大义公主的人，才可以许婚。

突利一听，行啊，我去试试吧。突利怎么劝都蓝？其实还是那一套，大义公主和人私通，尽人皆知，这样的人你还留她何用？如果是顾虑和隋朝的关系也就罢了，眼下隋朝自己都抛弃她了，你留着她，只会影响你和大隋的关系。为了这样一个妇人，值得吗？

这些话如果隋朝人说出来，都蓝就会有警惕，隋朝到底有什么目的？同时也会有逆反心理，你凭什么管我家的事？可是，自己的堂弟说出来，效果就不一样了。突利这么一撺掇，都蓝可汗的火气一下子就被激了起来，再也不顾大义公主这几年的夫妻之情、辅佐之功，大步闯入可贺敦的大帐之中，随着手起刀落，大义公主就这样成了刀下之鬼。

那么，应该怎么看待这位和亲公主？

如果抛开隋突关系的恩恩怨怨来考虑，可能今天的读者都会非常同情大义公主。她这一生，简直就是一连串的悲剧。

当年，她从北周远嫁突厥，并非自己的心愿。政治联姻，本身就是一个悲剧。

嫁过来之后，又赶上北周灭亡，她马上成了无根之草。这是第二个悲剧。

为了给娘家报仇，她撺掇丈夫沙钵略可汗进攻隋朝，没想到招来更大的灾难，沙钵略众叛亲离；为了挽回局面，她被迫认贼作父，给隋文帝当了干女儿。这是第三个悲剧。

再后来，复仇不成，反倒遭隋暗算，被丈夫都蓝可汗杀死。这是第四个悲剧。

人生由这么多悲剧构成，真是可悲可怜可叹！

事实上，大义公主还不仅仅是可怜，她还挺可敬的。大义公主一生的主线就是给娘家帮忙，给娘家复仇，也算是个烈女子，符合中国古代皇帝最提倡的孝道。

可以想象，如果她的仇人是一个普通人，没准儿隋文帝还会表彰她。可惜的是，她的仇人不是普通人，而是如日中天的大隋帝国。她的个人心愿和隋朝稳定边疆的愿望发生冲突，那她就只能成为历史的牺牲品。

三、抑强扶弱

无论如何，大义公主被杀，隋朝也就除掉了一个心腹大患。问题是，接着要怎么跟突厥相处？

这时候，都蓝可汗又重新来提亲了。按照他的想法，既然隋朝恨大义公主，他也把大义公主给杀了，那隋突友好就可以继续下去，你隋文帝不信任干女儿，那就派一个亲女儿来吧。

要不要满足都蓝的要求，隋文帝一时没想清楚，就让大臣集思广益。好多大臣都说，应该和亲。都蓝在突厥各部中势力最大，派一个自己的公主到那里去，就等于在他身边安插一个眼线，而且还可以营造一个亲隋的气氛，只要都蓝亲隋，隋朝的北部边疆就安宁了。万一再生下一个小外孙，以后当突厥可汗，双方成为舅甥之谊，那就更好了。这是主流意见。

可是，有一个人的想法跟主流意见不一样。谁呢？长孙晟。他说：“臣观雍虞闾反覆无信，直以与玷厥有隙，所以欲依倚国家，虽与为婚，终当叛去。今若得尚公主，承藉威灵，玷厥、染干必受其征发。强而更反，后恐难图。且染干者，处罗侯之子，素有诚款，于今两代，前乞通婚，不如许之，招令南徙，兵少力弱，易可抚驯，使敌雍虞闾以为边捍。”大意是说，我看那都蓝可汗是个反复无常的人。他现在之所以想和我们联姻，是因为他和西边的达头可汗打仗，想要借助大隋的威名。一旦哪天他强大到无须借助我们的程度，肯定还会掉过头来打我们。如果我们现在把公主给他，就等于帮他壮大声势，这样一来，突厥的其他两个可汗，达头也好，突利也好，就更不能与之抗衡了，他强大起来的速度也会大大加快，这是养虎遗患啊！所以，我们不能答应他的请求。

如果不答应，那隋朝接下来应该怎么办？

长孙晟说，突厥现在一共有三股势力。东边是都蓝，最强；西边是达头，次强；北边是突利，最弱。我们与其跟都蓝和亲，不如跟突利和亲。他因为实力弱，和亲之后，只能依附我们。到时候，我们再让他往南迁，和都蓝抗衡，扶弱抑强，这才是长久之计。

总之一句话，和亲公主是可以利用的，但是，不要只想依靠公主来换取和平，而是要借助公主，加强制衡。

真理有时候就是掌握在少数人手里的，长孙晟就是那个“少数人”。

隋文帝是个兼听则明的好皇帝。马上表态，长孙晟想得周全，就按这个计策执行吧。

对都蓝这边，不仅不给公主，而且其他的支援也断了，这样一来，都蓝再和西边的达头打仗，就没有优势了。都蓝的势力大受影响，逐渐衰弱下来。

对于突利这边，既然他帮隋朝杀了大义公主，隋朝也准备履行先前的承诺，嫁公主给他。不过，他不能着急，得做好准备。

准备什么呢？隋朝提要求说，你既然要迎娶我们的公主，就得先学习一下我们的礼乐文明。否则，跟公主没法交流。于是，几年之间，突利派了三百多名使者分批、分期来到隋朝。隋朝就把他们安排在太常寺读书，当留学生来培养。

这是干什么？一言以蔽之，输出文明，培养亲隋派！

到开皇十七年（597），隋朝终于觉得差不多了，就把宗室之女封为安义公主，嫁给了突利可汗。而且，为了离间突利和都蓝的关系，还搞得特别隆重，不仅嫁妆加倍，连派出的和亲使者规格也特别高。真让突利受宠若惊。

婚礼之后，长孙晟就奉命鼓动突利可汗南下，举族来到都斤山，也就是现在蒙古国的杭爱山脉。

这里可是都蓝的旧地盘。突利又尚公主又搬家，可把都蓝气坏了。他气呼呼地说：“我，大可汗也，反不如染干！”我是突厥的大首领，怎么现在我的小弟染干都比我有面子？不仅隋朝抛弃了他，嫡亲的堂弟也背叛了他，是可忍，孰不可忍！

怎么出这口气呢？因为失去了隋朝的支持，都蓝可汗的实力已经弱了下来。现在，他的敌人西有达头，南有隋朝，又加上一个隋朝扶持的突利。总不能几面树敌啊。所以，想来想去，都蓝决定摒弃前嫌，投靠达头，和达头联手，狠狠地打击一下隋朝。

这两大势力联合可是非同小可。那么，隋朝要怎样应对？草原的形势，又会发生怎样的变化？

第三章 圣人可汗

其实早在唐太宗这位“天可汗”之前，隋文帝早已成为中国古代历史上第一个兼任北方草原民族的共同可汗，并被尊称为“圣人可汗”的皇帝了，这正是“天可汗”的雏形，也是中国政治史上的一个极大荣耀。隋文帝的这个称号是怎么来的？突厥人为什么这么尊崇隋文帝？

一、突利入隋

我们知道，唐太宗号称“天可汗”，意思是他不仅是唐朝的皇帝，还兼任北方少数民族共同的可汗，这是中国政治史上的极大荣耀，一千多年以来一直被人们津津乐道。

其实，中原王朝的皇帝兼任北方草原民族的可汗，并不始于唐太宗，而是始于隋文帝。只不过隋文帝当时不叫“天可汗”，而是叫“圣人可汗”。

那么，隋文帝到底是怎样才得到这个称号的？这可不是通过武力逼着人家承认的，而是突厥可汗心甘情愿奉送给他的。

前面讲过，隋朝采取远交近攻、离强合弱的战略，扶持弱小的突利可汗，触怒了大可汗都蓝，都蓝可汗为了复仇，转而和老对手达头可汗联合，一起进攻隋朝。就在开皇十八年（598）春天，达头已经率领十万精兵到漠南了。

怎么办呢？隋文帝早已做好准备，马上派第四个儿子蜀王杨秀挂帅，率领大军从灵州道出发，迎击达头。

大事由王子挂帅，这是隋朝的惯例，但是，王子只是名义上的总指挥。那么，发挥实际作用的是谁？宰相杨素。

此人特立独行又能力超强，两征江南都战功赫赫，是当时蹿升最快的政治明星。现在，隋文帝又把他调到漠北来了，希望他不辱使命，再立新功。杨素从灵州出去，没走多远，就和达头遇上了。

突厥是马背民族，擅长运用骑兵，搞破袭战，而汉人是农耕民族，不擅长冲杀，但是，擅长防守。所以此前汉人将军和突厥打仗，都是以防守为主，安置大量鹿角（障碍物），结成方阵，来抵御突厥的冲锋。

不过，隋军和一般的汉人军队不一样，这是一支胡汉杂糅的军队，早已打出了威风。而杨素更不是一般的将军，他是超级军事明星，历来不走寻常路。他说，结成方阵，不过是在消极防守，防守得再有效也只能保证不输，可是，现在我们追求的是打赢！所以，我们不用防守，而是要进攻。既然如此，那么，我们也不能用障碍物拦截敌人的战马，而是要和突厥一样，运用骑兵，主动出击，和敌人决一死战！

杨素的骑兵阵摆好，达头也率军过来了，远远一看，隋朝这边居然也用骑兵，达头激动得滚鞍下马，扑倒在地，磕起头来。

磕头是什么意思？这是谢天呢！天赐我也，居然派了这么一个笨蛋将军来，这不是找死吗？达头一声长啸，带着他的部队就冲了过来。那么，隋军会不会像达头想象的那样在骑兵的冲击面前不堪一击？

如果是别人指挥，当然有可能。但是杨素指挥就不会了。杨素带兵素以严苛著称，每次出战，都先派一二百人做前锋，胜了有赏，如果败了，回来多少杀多少。所以，杨素带出的兵都不怕死，到了战场上就知道往前冲。现在，达头的骑兵一冲锋，杨素的骑兵不仅不退缩，反而不要命似的迎了上去。

这可太出乎突厥人的意料了。

突厥打仗一般都是为了掠夺财物，既要钱，也要命。这样的心态反映到打仗方面，就形成了一个特点，冲劲很强，但是韧性不足，基本上属于打得赢就打、打不赢就跑的那一类型。作战技术很好，但是作风不顽强。

这样的两支军队碰到一块儿，谁更厉害些？当然是杨素的军队。有道是“狭路相逢勇者胜”，在杨素手下这帮不要命的士兵面前，突厥人的气势很快就矮下来，越打越乱。而杨素这边则是越战越勇，开始还以一当一，后来就成了以一当十，把达头的军队打得落花流水，连达头本人都身负重伤，仓皇逃走。这样一来，突厥对隋朝的第一次威胁就解除了。

这样的结果，都蓝他们哪能甘心。到了第二年春天，都蓝又联合达头，纠集十多万军队，卷土重来。

隋文帝这边也赶紧派出最小的儿子汉王杨谅和宰相高颎迎战。

可是，这一次都蓝也学乖了，他们知道隋军是硬骨头，不好啃，所以避开隋朝的大军，直接扑向突利。就在长城脚下，跟突利展开了决战。

突利实力本来远在都蓝、达头两可汗之下，对付一个都不够，哪是两强联合的对手？马上就被打得七零八落，兄弟子侄全部被杀，身边只剩下五个骑兵，连夜突围出来。几个人往南一路狂奔，一直跑到第二天，来到蔚州，也就是山西灵丘县附近，这才慢慢停下来。

突利沿途收拾打散了的人马，也才收到几百人。茫茫草原，就这几百个人，以后怎么办？既然自己没法立足，摆在突利面前的就只有两条路。

第一条，往南走，投靠隋朝。

第二条，往北走，投降突厥。

到底选哪条路？突利和他的追随者陷入迷茫之中。如果投靠隋朝，以前有点实力还好，人家还拿你当盘菜，现在剩下这么几个人，连公主都丢了，真好比穷鸟投怀，人家怎么瞧得起。

与其到人生地不熟的地方受窝囊气，还不如投靠突厥，毕竟是一个祖宗，好沟通。虽然都蓝和自己势不两立，但是，自己和达头往日无冤，近日无仇，如果投靠达头，他应该不会拒绝。一群人一合计，眼看着事情就这样定下来了。可他们如果真的这样选择，那隋朝就白扶持突利一场了。怎么办？

就在这关键时刻，有一个奇人发挥了作用。谁呢？长孙晟。

此前不久，长孙晟受委派出使突利，刚好赶上这场战争，就和突利一块儿逃出来了。看着突利和手下嘀嘀咕咕，长孙晟知道，突利这是在犹豫，不知投靠谁好。长孙晟可是力促朝廷扶持突利的，离强合弱就是他提出来的战略构想。他怎么能允许突利脱离隋朝呢？这里已经是在蔚州境内了，离自己人不远。长孙晟就派手下悄悄到蔚州的一个边镇，叫怀远镇，跟那里的守军说，你们赶紧点烽火，能点的全点上，出了事长孙将军负责。

这边一点火，马上，突利他们就看见狼烟四起。突利不明就里，赶紧请教长孙晟：隋朝的守军为什么要点烽火？长孙晟骗他说，这是怀远镇的烽火。他们那边比我们这里地势高，肯定是远远地看见有敌人来了。而且据烽火数来看，敌人还不少。因为根据我们国家的制度，如果敌人少的话，就点一个烽火；再多，点两个；再多，点三个；最多，点四个。现在已经是最高级别的警报，估计是都蓝他们率领大军杀过来了吧！

突利可汗一听长孙晟这么说，可吓坏了。就算是投降，也得等形势稍微稳定一些再说，现在追兵来了，如果迎上去投降，没准儿还没等他说出“我投降”这三个字，脑袋就已经搬家了。这如何是好呢？

看到突利犹豫，长孙晟赶紧献计：怀远镇守军不少，易守难攻，要不咱们先到怀远镇躲一躲吧。

突利一听，连连点头，就被长孙晟骗到了怀远镇。

到了怀远镇，长孙晟一刻都没让突利停留，紧接着连哄带劝地把他裹挟到了首都大兴城。

突利到大兴城的时候，正好，都蓝派出的使者也在隋朝，仇人相见，分外眼红。隋文帝当仁不让，当起了“国际裁判”。让他们两个当庭辩论，讲讲打仗的理由，看看孰是孰非，隋朝好给他们进行“国际仲裁”。

本来，如果双方都客观陈述，突利是很有把握赢的，明明是都蓝先攻打自己，自己实事求是，把来龙去脉讲清楚不就行了？没想到，都蓝的使者是职业外交家，精通演讲术、辩论术，一张口就是一串理由，讲来讲去道理都在人家那边。而突利这边唯唯诺诺，倒好像是理屈了。这局面让突利太郁闷了，打仗也打不赢，辩论也辩论不过，自己怎么这么窝囊！本来突利就担心自己是败军之将，到隋朝不受尊重。现在不仅仗打败了，辩论也输了，他觉得，隋文帝肯定要抛弃自己了，心情也从忐忑变成了绝望。

那么，隋文帝是不是像他想象的那样抛弃他？并没有。隋文帝看中的就是他这些表现，这个突利，实力弱，心眼直，嘴也笨，这正是隋朝需要的啊！让他来当突厥的领头人，隋文帝放心！那么，到底该怎么对待一无所有的突利呢？隋文帝接连奉送了四个大礼包。

第一个，给他钱。隋文帝赏给突利大量珍宝，让他招降流亡的突厥百姓，赶紧摆脱光杆司令的境况。

第二个，给他名分。十月，隋文帝册封突利为“**意利珍豆启**

民可汗”，翻译成汉语就是“意智健”的意思，说他既英明又勇猛强健，这可是好词。把突利梦寐以求的优点全部放在徽号里了。从此，突利可汗在史书中就变成启民可汗了。

不过，隋朝加封“启民”这个尊号可不光是为了夸奖他。这个尊号还有更重要的一层意思，尽管你还只是一个流亡政府，但从此之后，你就是我们大隋唯一认定的突厥合法政府了，这可是对启民最大的支持。

第三个，给他地盘。这时候，突厥百姓陆陆续续归附启民的已经有一万多人，这些人不能总在长安流亡，隋文帝急人所急，派启民可汗的老朋友长孙晟率领五万人，在朔州紧急修了一座大利城给启民和他的部众居住。这个大利城就在今天内蒙古的清水河县，这里已经是隋朝的地界，启民弱小，离得近一些，便于隋朝保护。

第四个，给他公主。开皇十七年（597），隋文帝嫁去和亲突利可汗的安义公主，在这次战争中，没能突围出来，死在了乱兵之中。和亲公主可是隋朝和突厥之间联系的纽带，断断不能缺位，于是，隋文帝又做出决定，册封宗室女儿为义成公主，再次跟启民和亲。

这些举措可把启民感动坏了，现在，他的钱和人是隋文帝给的，名分是隋文帝给的，地盘是隋文帝给的，可贺敦还是隋文帝给的，可以说，一身一物全拜隋文帝所赐。这不就是人们常说的生死肉骨吗？现在看来，投降隋朝，算是做对了。

二、杨广立功

启民可汗在隋朝的全力扶持下重建了东突厥帝国，他的哥哥，也是死对头都蓝可汗可没这么走运了。开皇十九年（599），宰相高颎率领大军大败都蓝。

突厥帝国本来就是靠武力征服才聚拢到一起的，内部的各个部落之间关系松散，凝聚力不强。所以，一旦打了败仗，几乎马上就会面临众叛亲离的命运。都蓝也不例外。

就在这场战役结束之后不久，都蓝就被手下杀死了，兴衰成败，只在转瞬之间。

都蓝一死，部众很多都投靠了达头可汗，达头也就接了都蓝的班，成了隋朝的头号敌人。宜将剩勇追穷寇，这样的道理隋文帝了然于心。

谁去解决这个对手？历史又把这个重要机会交给了晋王杨广。

开皇二十年（600）六月，隋文帝命令晋王杨广为行军元帅，和汉王杨谅各统一军，出兵反击。

其中，晋王杨广带领一路往西，出灵武道，手下的重要将领有长孙晟；汉王杨谅带领另一路往东，出马邑道，手下的重要将领是史万岁。

这两路大军怎么排兵布阵呢？

先看杨广这边。长孙晟不是频繁出使突厥，熟悉山川地形吗？知道了达头大军的营地之后，他立刻献上一计——投毒计。长孙晟派人在突厥营地的上游河水投毒，突厥人喝了河里的水之后，上吐下泻，好多人马都死去了，没死的也失去了战斗力。

突厥人不知道是长孙晟在捣鬼，还以为是老天在惩罚他们，天降恶水，这是要灭亡我们啊！纷纷跪倒在地，祈祷上苍开恩，连夜拔营而去。

长孙晟看突厥部众仓皇转移，知道投毒已经奏效，赶紧乘机追杀。本来，长孙晟在突厥人里声望就很高，号称长孙总管，一般突厥人都传说他弓如霹雳，马如闪电。现在看见他带人追过来，更是惊慌失措，仓促之间被杀得大败，三千多人葬身荒野。

再看杨谅这边。杨谅的重要将领史万岁就更厉害了。当年，打沙钵略的时候，史万岁一刀结果了突厥将领的性命，从此在突厥人中间立下了威名。现在，史万岁又和达头可汗在大斤山，也就是如今内蒙古自治区的大青山相遇了。古代崇尚个人英雄，两军交战，要先通报将领姓名，达头可汗一听对方居然是敦煌戍卒史万岁，惊得目瞪口呆，仗也不打了，领兵就往回走。史万岁哪能让他就这么轻易走人？纵兵追杀，大破突厥，斩首几千级，也是得胜还朝。

就这样，两路大军都取得了胜利，初步打击了达头可汗的气焰，杨广再立新功，声望更高了。

不过，尽管打了这样两个胜仗，但是达头可汗的实力还在，只要有他的威胁，启民可汗终究是无法立足，隋朝也始终存留隐患。怎样才能彻底解决这个问题？

公元 601 年，隋文帝改元仁寿。

仁寿元年年底，长孙晟上表称："臣夜登城楼，望见碛北有赤气，长百余里，皆如雨足，下垂被地。谨验兵书，此名洒血，其下之国，必且破亡。欲灭匈奴，宜在今日。"我夜登城楼，仰观天象，看见蒙古草原上空有一道红色的雾气，长一百多里，就好像雨脚一样，一直垂到地下。我查了兵书，这种天象叫作洒血，意味着它下面的国家一定灭亡。陛下，现在看来是灭突厥的最佳时候了！

我们今天相信科学，不大相信天象了，其实古人也未必真的那么相信，好多时候，天象只是促成某些大事的一个说法。既然如此，足智多谋、富有战略眼光的长孙晟将军为什么要在这个时候拿天象说事？

原来，经过连年战争，达头可汗的内部问题逐渐显露出来。

几年之间，达头可汗扩张太快，整天跟那些附属部落征兵征马，把附属部落搞得疲惫不堪。这些部落本来是为了利益才投靠达头的，现在，利益没占着多少，光给达头当炮灰了，他们自然怨声载道，离心离德。

长孙晟是突厥通、情报专家，洞悉了这一情报之后，他觉得，在这种情况下，只要隋朝再从外面推上一把，达头内部就很有可能爆发革命。内外因共同作用，不怕达头不垮台！所以才用天象来做引子，坚定隋文帝的信心和决心。

果然，隋文帝听了长孙晟的话之后信心倍增，开始着手组织北伐了。

第二年，也就是仁寿二年（602），隋文帝派杨素为云州道行军总管，长孙晟为受降使者，携带启民可汗，一起北伐。

从这三人的名单可以看出来，这次军事行动，隋文帝是有分工的。杨素的任务是正面打达头可汗，长孙晟是作为隋朝的政治代表乘机招抚那些对达头心存不满的附属部落，而启民可汗则是隋朝钦定的蒙古草原新主人。

很显然，这次出兵的目的，就是用启民取代达头。

那么，这次出征打赢了没有？赢得非常圆满。

就在杨素率军攻打达头之后，附属达头的铁勒等部落在长孙晟的游说之下纷纷反叛，达头众叛亲离，只好率领自己的少数亲信远走高飞，再也不能对隋朝构成威胁了。

随着达头兵败逃跑，启民可汗终于成了统帅整个突厥的大可汗。只不过，他这个大可汗地位的取得跟以往的突厥可汗并不一样，他可不是靠自己的本事打出来的，而是隋朝全力扶持的结果。没有隋朝也就没有启民可汗，启民对这一点心知肚明，对隋文帝感激得五体投地。所以，他上表给隋文帝说：“**大隋圣人可汗怜养百姓，如天无不覆，地无不载。染干如枯木更叶，枯骨更肉，千世万世，常为大隋典羊马也。**”大意是说，大隋圣人可汗，您爱怜天下的百姓，就像天没有一处会不覆盖到，就像地没有一处会不承载到。我染干也沐浴到了您的光辉，像枯树又长出了枝叶，像枯骨又长出了血肉一样，我又活过来了。所以我感念您，我愿意千秋万代，为您典养羊马，尊您为“圣人可汗”，这就是圣人可汗的来历。

这样一来，因为启民可汗的推戴，隋文帝不仅是隋朝的皇帝，还成了突厥的圣人可汗，这是中原皇帝兼任少数民族君主的首例，也是开唐朝天可汗的先河。

就这样，隋文帝君臣投注大量兵力，用了将近二十年的时间，终于解决了突厥问题，把突厥从地位基本平等的翁婿之国变成了货真价实的附属国，这可是一个荣耀的时刻。

三、战争意义

那么，这场旷日持久的隋突斗争到底有什么意义？

首先，它比较彻底地解决了突厥问题，巩固了隋朝在东亚的地位。

启民可汗完全是隋朝扶植起来的可汗，这样的突厥帝国，和隋朝的关系相当友好。《隋书·突厥传》记载：大业三年（607）四月，炀帝幸榆林，启民上表曰："已前圣人先帝莫缘可汗存在之日，怜臣，赐臣安义公主，种种无少短。臣种末为圣人先帝怜养，臣兄弟妒恶，相共杀臣，臣当时无处去，向上看只见天，下看只见地，实忆圣人先帝言语，投命去来。圣人先帝见臣，大怜臣，死命养活，胜于往前，遣臣作大可汗坐著也。其突厥百姓，死者以外，还聚作百姓也。"大意是说，先前圣人先帝，也就是隋文帝活着的时候，一向爱怜我，把安义公主赐给我，还给我好多好处，让我的老百姓都活得很快乐。结果引起了我兄弟的妒忌，他们一块儿来想要灭掉我。我无处可去，向上看只看见天，向下看只看见地。就在这走投无路的时刻，我想起圣人可汗来了，决定投奔他。他见到我之后，不仅不蔑视我，反倒更加可怜我，死命地养活我，对我比以前还好，不仅让我坐大可汗的位置，而且把我那些百姓都重新收拢回来，做我的子民。这也是我没齿不忘的恩德啊！

显然，即便是在隋文帝死后，启民可汗也念念不忘隋文帝在他“向上看只见天，下看只见地”时刻的活命之恩和让他重登大位，统帅突厥的再造之情，这种心灵的征服当然比军事的征服更可靠，更长久。正是有了这种军事和政治并行的举措，隋朝才真正巩固了在东亚地区的主导地位。

其次，它树立了一个农耕时代中原王朝和北方少数民族交往的典范。

在整个古代中国的历史中，北方民族处于攻势，中原民族处于守势，这是一个不可改变的事实。

问题是，怎样在这种不可改变的事实面前争取主动？

法国著名汉学家沙畹说过：“中国始终用其远交近攻，离强合弱之政策，是为妨碍突厥建设一持久帝国之要因。设无此种反间政策，突厥之国势不难推想得之。”

确实，智取为主，力取为辅，离强合弱，远交近攻是隋朝最终赢得战争的关键。不盲目迷信武力，而是重视智力比拼，重视结交盟友，这正是农耕民族的优势所在。隋文帝能够扬长避短，这就是他的政治智慧，也是中华民族的军事智慧，所以才能屡战屡胜。

再者，对突厥战争又一次成就了杨广的名声。

虽然杨广只是名义上的统帅，但是他作为总指挥参加了对突厥的最后一击，所以，北破突厥之功也就加在了他的头上。

在此之前，杨广已经有了两平江南的美名，这让他在隋文帝的所有皇子之中相当突出。而且，虽然此刻杨广还没有什么具体作为，但是，通过一次次的出征，他和很多重量级大臣，比如说能文能武的杨素有了合作经验，建立了良好的关系，对杨广和整个隋朝的发展至关重要。

那么，解决了军事问题的隋朝，还会有哪些新的举措？

第四章 开皇之治

隋文帝统治时期，诞生了一个流传千载的称号——“开皇之治”。可想而知，在人们的心目中这是一个政治清明、经济富庶、人民生活安定的时代。那么隋文帝在当政期间都有什么建树？社会状况究竟如何？

一、发展经济

隋朝建立之后，北降突厥，南平江南，取得了辉煌的战果。这难免让人猜想，隋文帝就是一个马上打天下的开国皇帝。其实并不尽然。说隋文帝尚武不假，但是，在中国历史上，凡是有为的君主都不可能是一个只知道穷兵黩武的人，隋文帝当然也不例外。

事实上，就在隋朝南征北战的同时，国内建设也进行得如火如荼，而且取得了骄人的业绩。这个业绩在历史上有个专有名词，叫“开皇之治”。这可是个非常光荣的称号。中国历史上能够称得上“之治”的时代并不多，我们耳熟能详的，不过是“文景之治”“贞观之治”等有数的几个，换言之，只有政治清明、社会蓬勃发展的时期才能配得上这个称号。

那么，隋文帝有什么样的成就，能够让他统治的时代号称开皇之治？有以下三方面的成就不容忽视。第一，经济；第二，文化；第三，吏治。

关于隋文帝时期的经济成果，《资治通鉴》有一段记载：“开皇十二年，有司上言：‘府藏皆满，无所容，积于廊庑。’帝曰：‘朕既薄赋于民，又大经赐用，何得尔也？’对曰：‘入者常多于出，略计每年赐用，至数百万段，曾无减省。’于是更辟左藏院以受之。”大意是说，到了开皇十二年(592)，有关部门向隋文帝汇报：国库里都已经堆满了布帛，连走廊都堆满了，再也没法往里挤了，请陛下快给我们解决仓库问题吧！隋文帝一听大为震惊，连国库都有填满的时候，不可能啊！赶紧问，我跟老百姓收的税也不多呀，这几年老打仗，又没少花钱，我还怕国库都空了呢，怎么反倒满了？官员回答说，这几年您每年赏赐各色人等的绢帛确实不下几百万匹，可是每年进来的更多啊！看到十几年间国家财富积累得如此雄厚，隋文帝真是喜上眉梢，赶紧命令新修一座左藏院来储存财货。这可是了不起的经济成就。

在中国历史上，这样储备丰富的记录不是没有过。比如汉武帝时，就有过“京师之钱累巨万，贯朽而不可校；太仓之粟陈陈相因，充溢露积于外，至腐败不可食”的景象，唐玄宗天宝年间，也出现了物资爆满，不得不加盖仓库的事情。

但是，拿汉唐盛世的景象和隋朝比，又不完全合理。毕竟，汉武帝是汉朝第五代皇帝，唐玄宗是唐朝第七代皇帝，汉唐两朝，都是经过几十年乃至一百多年的发展才达到这样的程度，而隋朝则是在第一代皇帝任上，仅仅用了十三年就出现了相似的局面，确实令人叹为观止。

那么，隋朝为什么短期之内就变得如此富裕？很多人会想到均田制。是不是呢？那得先看看均田制是怎样的一个制度。所谓均田制，是北魏时期在战争破坏严重，人民颠沛流离，大量土地抛荒的情况下开创的一项制度，基本做法就是国家把国有土地平均分给农民耕种，然后再以此为依据，向农民征收赋税。这样一来，不仅无主荒地得到了开垦，而且流离失所的农民也能够安顿了下来，政府的财政也有了保障。这是个多方利好的制度，所以一直沿用到唐朝前期，成为整个北方经济的基础。

问题是，到了隋朝，社会条件已经变了。北方的无主荒地已经没有那么多，很多地方都从原来的人少地多变成人多地少了。隋朝制度规定，每个男丁都应该分到一百亩地，但是，开皇年间，好多地方的男丁只能分到二十亩，特别是在长安和洛阳这两京地区，土地资源更是紧张。这样一来，虽然在制度上均田制并没有废除，但是实际上已经发挥不了那么大的作用了。换言之，均田制固然是隋朝重要的土地制度，但仅谈均田制，还不足以说明为什么隋朝发展得那么快。

既然不能归功于均田制，那么，又该归功于什么？

我觉得，应该归功于隋朝对人口控制能力的加强。隋朝建立的时候，贵族的势力还非常大，他们都占有好多依附人口，这些人根本不向政府报户口，当然也就不纳赋税。

另外，由于隋朝的赋役对象是针对成丁的男女，很多狡猾奸诈之人就会想办法逃避，明明是二十八岁的精壮小伙子，报户口时非说自己是十四岁的少年，或者明明是五十岁的壮年人，非说自己已经是七十老翁了，这些行为在当时被称为诈老诈小，目的就是逃避赋役。

这两大社会问题使得隋朝少了很多纳税人，怎么办？开皇年间，隋文帝推行了两项政策，一个叫输籍定样，另一个叫大索貌阅，来解决这两个问题。

所谓输籍定样，其实就是国家制定颁布的户等划分样本。符合什么样的标准叫上户，什么标准叫中户，什么标准叫下户，上、中、下户各自应该承担什么样的赋役在上面写得明明白白的，任何人一查就知道。而且，整个细则贯彻着上户多交，下户少交的原则，明确保护弱势群体。

为什么要制定这样的标准？这其实是宰相高颎出的主意。他说，之所以有那么多人愿意当大户人家的依附人口，不愿意当国家的编户齐民，是因为我们现在的赋役标准不明确，穷人也要承担不少赋役，所以他们觉得，给国家干不如给大户人家干划得来。现在我们反其道而行之，让他们明白，如果投靠政府就能享受优惠政策，比依附大户人家划算，这些人就会自觉自愿地脱离大户人家的控制，主动申报户口来了，这样一来，我们的纳税人就多了。隋文帝一听，好主意，赶紧推行。这就是输籍定样。

那什么是大索貌阅？就是依靠乡里基层组织，搞入户调查，根据体貌特征核实年龄，如有隐瞒，严惩不贷，甚至殃及邻里。这样一来，再有胡子拉碴的大小伙子想冒充小正太，就算官府查不出来，邻居也会揭发检举，国家因此又得到一大批隐藏起来的丁口。

就这样，隋王朝凭借着强大的国家力量，推行更加严格的人口管理办法，隐瞒人口的现象显著减少，一下子增加了好多纳税人口，这样一来，仓库自然在短时期内充实起来了。魏晋以来贵族豪横，国家软弱的局面也得到了根本性的扭转。

二、发展文教

衡量一个社会的发展水平和发展前景，不能光看经济基础，还要考虑上层建筑，也就是文化指标。

《隋书·儒林传》记载："四海九州，强学待问之士靡不毕集焉……负笈追师，不远千里，讲诵之声，道路不绝。中州儒雅之盛，自汉魏以来，一时而已。"大意是说，隋朝统一以后，四海之内的知识分子都会集到京师来了。人们为了追求学问，不远万里到处求学，所以，在路上都能听到诵读诗书的声音。这可是汉魏以来从没有过的喜人景象。

确实，自从东汉末年军阀混战开始，中国已经经历了几百年的打打杀杀，路上往来的不是军队就是难民，现在居然满街都是负笈远游的书生了，这不正是天下太平的最好写照吗？这样的局面又是怎样开创出来的呢？

在这个问题上，有一个叫牛弘的官员做出了杰出的贡献。牛弘是关陇集团里一个难得的读书人，博览群书，甚至有点儿书呆子气。据《隋书·牛弘传》记载，隋文帝让牛弘去宣一道敕令。牛弘领命而去。结果下了台阶之后，就把敕令给忘了。牛弘只好折回来，老老实实地对隋文帝说，对不起，我忘了您让我宣什么敕令了。隋文帝一听，哈哈大笑说，传话这样的小事，本来也不该您这样的大知识分子来干。连皇帝的敕命都能忘掉，真是糊涂到家了。

可是，这么一个书呆子，糊涂虫，在大事上可是一点儿都不糊涂。开皇初年，还在百废待兴的情况下，牛弘就给隋文帝上了一封奏疏。他说：“昔陆贾奏汉祖云，‘天下不可马上治之’，故知经邦立政，在于典谟矣。为国之本，莫此攸先。”国家既然已经建立了，就要考虑怎么治理。政权可以马上得之，但不能马上治之。要把国家治理好，就要学习前朝的经验教训。而前朝的经验教训全写在书里，所以说，要想治理国家，得先读书。

这当然是个好主意，问题是，鼓励大家读书，总得有书可读才行。而隋朝继承的是魏晋南北朝乱世的底子，根本就没什么书可读。隋朝建立的时候，把北周和北齐的藏书归拢到一起，才一万五千卷。杜甫有言“读书破万卷，下笔如有神”。而隋朝整个国家的藏书刚够杜甫一个人看，这怎么行！

牛弘说，不要紧，“礼失求诸野”。现在国家历经战乱，没有藏书，但是，贵族文化世代相传，私人手里藏书不少，可以从民间征集。可是，人都是有私心的，没有什么好处的话，谁愿意白白把手里的藏书交给国家？所以，牛弘在奏章中提议：要想从老百姓手里征集图书，靠行政命令是不行的，必须舍得花钱去买。要让老百姓觉得合算，这样他们才会心甘情愿地把书拿出来。

对于牛弘这个建议，隋文帝是什么反应？隋文帝的表现绝对称得上是英主。尽管当时国家刚刚建立，哪里都等着钱用，隋文帝还是慨然下诏说：“献书一卷，赉缣一匹。”任何人，只要进献一卷图书，就给他一匹缣。这一匹缣是什么概念？要知道，当时国家的赋税分租、调两部分，其中，一个农民一年的调就是一匹缣，也就是说，只要你给国家贡献一卷书，你一年差不多二分之一的赋税就不用交了。这可是个不小的数字。

更人性化的是，你把书献给国家后，国家并不是据为己有，而是组织人力去誊抄，抄完之后，你的原件还会完璧归赵。

有这样的好事，谁能不愿意呢？老百姓踊跃献书。就这样，经过隋文帝和牛弘君臣的努力，隋朝的藏书很快达到三万多卷，比原有的藏书规模整整大了一倍，这当然也就成了推行文治的基础。

今天再回头看，我们会意识到，牛弘了不起的地方，除了力主国家优先发展文化事业，展现出学者的战略眼光之外，还有一个重要的优点是脚踏实地，在制定政策的过程中重视老百姓的利益需求。牛弘能想到这一点，并非出于本能，因为他自己在经济上并不敏感。

《隋书》记载了一个著名的故事，牛弘的弟弟是个酒鬼，有一次喝醉了酒，把牛弘家的牛给杀了。这牛可不是耕牛，而是牛弘的座驾，牛没有了，牛弘怎么上班呢？牛弘的妻子非常不高兴，等到牛弘回家，赶紧跟他告状说，孩子他叔叔把牛给杀了。牛弘一听，只说了两个字——“作脯”，也就是做牛肉干，说完就到一边闷头读书去了。妻子不甘心，又走过来说，叔叔无缘无故就射死咱家的牛，这也太可恶了吧。牛弘连头都没抬，说知道了。说完继续读书，不为所动。

这个故事说明什么？说明牛弘本人并不是个斤斤计较于钱财的人。但是，就是这么一个眼光高远，对个人私利并不在意的人，却能够切实体察老百姓的利益需求，保障老百姓的利益需求，这就是真正的政治家风度。

牛弘伟大，隋文帝更伟大。

隋文帝只正经上过两年学，文化水平不高，但是，他能够认识到发展文教的意义，并且能动用国家的力量推动文化发展，这就是一个有眼光、有见识的皇帝。

事实上，在文化方面，隋文帝不仅见识高，做法也比中国历史上很多帝王高明多了，甚至比号称千古一帝的唐太宗还高。

唐太宗喜欢王羲之的书法，尤其喜欢《兰亭序》。即位之后，通过坑蒙拐骗的方式千方百计地搞到自己手中。搞到手后，就再也不还给人家了，留在自己身边把玩。这也罢了，最出格的是，到了晚年去世的时候，他干脆要求把《兰亭序》带到陵墓里，陪他殉葬，让别人永远也别想再看到，这不是自私透顶的行为吗？反观隋文帝，抄完图书物归原主，不夺人所爱，这才是真正的风雅之举。

除了收集图书之外，隋文帝还敦促各级政府兴办学校，平陈之后，更是大力网罗南方的文化人才。正是因为有了这样既富有远大理想，又能脚踏实地办事的君臣，隋朝的文教事业才发展得如此有声有色。

三、整顿吏治

一个社会真想良性发展，光有经济和文化成果还不行，还有一个指标也非常重要，那就是吏治状况。因为官员不仅是老百姓的管理者，是各项社会事业的组织者，也是国家和老百姓之间的桥梁，代表着政府的形象。只有官员清正廉洁，人民对政府才能有信心，国家也才能获得发展。这其实也就是直到今天还非常敏感的干部队伍建设问题。

要解决这个问题可太不容易了。因为隋初的官僚基本都是行伍出身。这不难理解。此前中国一直处在战乱之中，不仅在国内和不同政权之间打，还要跟突厥打。将军打了胜仗，总得有安置。怎么安置？一般做法就是让他们去当地方官。这样一来，隋初的地方官基本都是军人出身。

问题是，当军官和当地方官的要求截然不同。

首先，军官治军，以威为主；而地方官治民，则应该以慈为主。中国有一句古话叫“慈不带兵”，当将军讲究令行禁止，不能太婆婆妈妈。但是，地方官则被称为父母官，既然为人父母，当然要爱民如子。这是很大的区别。

另外，对将军，人们主要要求他勇；而对文官、地方官，则主要要求他廉。南宋的岳飞说过：“**文臣不爱钱，武臣不惜死，天下太平矣！**”直接反映了两类官员节操侧重点的不同。正因为军官和地方官基本要求不同，所以，让军官去当地方官，往往当不好。好多将军说起打仗来头头是道，但是，一谈起治理国家就不知所云，所以，履职水平普遍不佳，按照当时的说法，就是“**刺**

史多任武将，类不称职”。举个例子。当时有个叫燕荣的将军，性格刚毅，武艺高强，是个难得的军事统帅。后来，打而优则仕，当了幽州总管，这一下可把老百姓害苦了。

武将出身的燕荣，巡行属地的时候，看见路边的荆条，手就痒痒，想要试试打人好不好用。拿谁做实验呢？身边的下属倒霉了，被他拉过来就打。下属冤枉啊，连哭带喊，说我没犯错，为什么打我？燕荣不以为然地说，我先打着，以后你再犯错就免了。下属一听，这打人还带预支啊？没办法，忍着吧。没想到过几天真的犯错了，燕荣拉过来，又要拿荆条打。这个下属赶紧说，您前几天不是说先打了我，等我再犯错就不打了吗？燕荣哈哈大笑道：你没犯错尚且都打了，何况犯错？给我狠狠地打！这样的领导风格真是形同儿戏！

对下属的赏罚不负责任，对老百姓就更不负责任了。燕荣每次巡行，只要看见漂亮的姑娘、媳妇，就在人家的家里肆行奸淫，真是荒唐残暴，无法无天。这样的人，怎么能够受老百姓爱戴呢？

官吏队伍建设是国家治理的基础，官吏素质这么差，怎么办？

隋文帝做了以下三方面的工作。

第一个工作，严肃官员任命，不再用官职来奖赏功臣。平陈战争之后，一下子产生了很多战争功臣，大家都按照惯例，等着当官。没想到，隋文帝明确表态：“功臣正宜授勋官，不可预朝政。”军功是要奖赏，但是，只能用金钱、荣誉和待遇来奖赏，绝对不能用官职来奖赏。这是认识理念的一大进步。

隋文帝既然不让将军当文官了，他到底打算怎么选拔文官？

第二个工作，建立健全选官制度。在这个问题上，隋文帝想了好多办法，比如说下求贤诏，让现任官员推荐，从优秀基层官员中提拔等，在当时都收到过一定的效果。但是，对历史影响最大的还是考试制度。

开皇七年（587），隋文帝下诏：“诸州岁贡三人。”也就是说，各个州每年选派三个人，到中央参加考试。

可别小看这短短一句话，就是这句话拉开了影响深远的科举制度的序幕。隋朝的科举考试的科目有秀才、明经和进士三种，考上了之后再经过吏部铨选，然后就能被任命为官员，踏上仕途。

诚然，隋朝的科举制还有很多不完善的地方，其中最重要的是考生还不是自由报考，而是由各州刺史推荐。所以有人说，它还是此前察举制度的延续。

但是，它毕竟再次重申，要把读书和做官，把个人才华、个人教养和个人前途，有机地结合在一起，让每个人有了一个凭本事而不是凭老子崭露头角的机会，也让国家有了推行文治的制度基础和人才基础。因此，它也就注定拥有了无限的前景和活力。

事实上，就是在开皇年间的一次考试中，十八岁的房玄龄高中进士，从此踏上仕途，最终成长为唐初名相，也是中国古代最著名的宰相之一。

隋文帝在开皇年间的这个选官制度，最终发展为自由报考的科举制，成为中国古代文官政治的重要基础，也是中国古人对全世界最伟大的贡献之一。就凭这一点，隋文帝足以永垂不朽了。

第三个工作，建立赏罚分明的考核制度。不管是什么渠道上来的官员，其实都存在良莠不齐的状况，而且人是会变的，有的人起点不高，但是公忠体国，善于总结经验教训，可能越做越好；当然，也有的人起点很高，但是越来越腐化堕落。怎样才能够有效地保持官员的活力和纯洁性？

隋文帝规定，地方刺史每年年底到中央述职，根据政绩决定赏罚。平时还不定期地派出监察官员到地方寻访。比如前面提到的燕荣，就被审查出贪污、暴虐等种种问题。而且，查出之后立即赐死了。

有罚就得有赏。隋文帝都奖赏过什么样的好官吏？《隋书·循吏传》专门记载了受到隋朝两代皇帝表彰的爱民模范。根据《隋书·循吏传》的记载，就大体可以知道隋文帝时期好官吏的标准了。

举个例子。当时有一个人叫房恭懿，因为苏威的推荐当上了新丰县令，结果任期内第一次考核就被评为首都地区第一名，隋文帝非常高兴，马上赏赐给他四百匹布，结果，房恭懿拿回去就分给穷人了。隋文帝听说后，又赐给他三百石米，没想到房恭懿回去之后，又不声不响地送给了穷人。这样廉洁爱民的好官到哪里去找？隋文帝很快就把他任命为德州司马，也就是州刺史的副手。结果年终考核的时候，房恭懿又是天下第一。

隋文帝欣喜异常，这样的典型必须大力宣传，让天下地方官都向他学习。古代没有发达的媒体，怎样才能让人们都知道房恭懿的先进事迹呢？隋文帝把所有到京城述职的官员都召集到一起，对他们说："如房恭懿志存体国，爱养我百姓，此乃上天宗庙之所佑助，岂朕寡薄能致之乎！朕即拜为刺史。岂止为一州而已，当今天下模范之，卿等宜师学也。"意思是说，我把你们召集到这儿来，是想向你们推荐一个好官房恭懿，这个人是如此之贤良，贤良到这种程度，绝不是我一个人的德行所能罗致的，这一定是上天和祖宗把他赐给我的，因为他这么优秀，所以我决定把他提拔为刺史，希望你们都能向他学习。当众把房恭懿提拔为海州刺史。

这个提拔可比光开先进事迹报告会管用多了，一下子，天下地方官都知道了，皇帝设定的考核制度并不是逗你玩，而是真的奖勤罚懒，扬善抑恶！既然如此，咱们以后也都要好好干了。

正因为有这些方面的措施，所以隋文帝时期的官员素质普遍有了提升，这当然是老百姓的福气，也是整个国家兴旺发达的重要保证。元朝的历史学家胡三省说过："开皇之治，以赏良吏而成。”对隋文帝重视吏治、奖赏良吏的举措予以高度评价。

就这样，经过隋文帝十几年的励精图治，隋朝不仅在军事上捷报频传，在经济建设、文化建设、吏治建设方面也是成绩卓著。因此，历史学家们把这段国泰民安的黄金时期称为“开皇之治”。

事实上，不光是史学家认可了隋文帝的成就，连隋文帝的手下败将——陈朝的亡国之君陈叔宝也非常服气。开皇年间，陈叔宝跟隋文帝一起登上洛阳的北邙山，俯视大好河山，陈后主不由得诗兴大发，当场赋《入隋侍宴应诏诗》一首：“日月光天德，山河壮帝居；太平无以报，愿上东封书。”日月光大了陛下的德行，山河让陛下的宫阙更加壮丽。面对这样的太平盛世，我无以为报，只能给陛下上一封请求东封泰山的文书了！陛下，您缔造了这样的太平盛世，应该去封禅了啊！

事实上，这倒并不完全是阶下囚陈叔宝的吹捧，当时全社会的绝大多数人都觉得自己沐浴在盛世的光辉之中，也相信，大隋王朝能够在隋文帝的英明领导下，越走越好。

可是，就在这举国上下信心十足的时候，有两个乌鸦嘴却吹出了不同的哨音。

谁呢？房玄龄父子。

房玄龄的爸爸叫房彦谦，时任监察御史。他曾经私下对亲友说：“主上忌刻而苛酷，太子卑弱，诸王擅权，天下虽安，方忧危乱。”大意是说，主上为人猜忌苛刻，不得人心，他立的太子卑弱无能，其他几个王爷又权力太大。这样看来，虽然眼下国泰民安，但将来可能会有祸乱。

房玄龄非常认同老爸的观点，而且说得更露骨。他说："主上本无功德，以诈取天下，诸子皆骄奢不仁，必自相诛夷，今虽承平，其亡可翘足待。"主上通过权诈之术取得天下，统治的合法性本来就不够。他的儿子们又都骄奢不仁，以后难免会自相残杀。如今虽然看起来像是太平盛世，但是，亡国恐怕也是翘首可待的事情啊！

在他们看来，虽然整个国家文治武功都不错，但是，皇帝的家庭内部却隐藏着深深的矛盾，而这个矛盾很可能给国家引来更大的危机。

那么，他们的担忧是否有道理？

第五章 太子失宠

隋文帝是位好皇帝，但未必是好爸爸，治国有法的人未必治家有方。他当政之后遇到的最棘手的问题其实就是家庭问题，确切地说，是太子杨勇的问题。嫡长子杨勇在开皇元年（581）就被立为太子，一直接受严格的政治训练，他的政治表现也不乏精彩之处，本来应该顺利接班。但令人遗憾的是，不知是“太子”这个位置太敏感，还是皇帝的要求太高，随着时间的推移，杨勇似乎越来越不入父皇母后的法眼，他的太子之位也随之摇摇欲坠。这究竟是怎么回事？

一、太子杨勇

隋文帝是中国历史上个人道德非常高尚的皇帝之一，在独孤皇后活着的时候坚持实行一夫一妻制，因此，五个儿子全是一母所生，这在两千多年的帝王史上不说绝无仅有，也算是非常罕见了。

对此，隋文帝本人也非常得意。隋朝初年的时候，他曾经对大臣说："前世皇王，溺于嬖幸，废立之所由生。朕傍无姬侍，五子同母，可谓真兄弟也。岂若前代多诸内宠，孽子忿诤，为亡国之道邪！"在他看来，前朝帝王往往因为宠幸妃子，被美色冲昏头脑，最后做出废长立幼的事情来，严重的甚至因此亡国。而他只爱皇后一个人，五个儿子也都是亲兄弟，所以绝不会发生内斗，这就是大隋万年基业的保障。

谁想到，说嘴打嘴，在巨大的权力诱惑面前，再浓的亲情也不堪一击。杨坚的儿子之间也终于爆发了惊心动魄的争斗，太子地位逐渐变得岌岌可危。

要想知道这件事的来龙去脉，还要先交代一下隋文帝儿子们的基本情况。

隋文帝和独孤皇后一共生了五个儿子。其中，老大叫杨勇，隋初封为太子。老二叫杨广，封为晋王。老三叫杨俊，封为秦王。

老四叫杨秀，封为蜀王。老五叫杨谅，封为汉王。杨勇因为是长子的缘故，从小就跟爸爸的政治前途绑在了一起。

北周末年，杨坚矫诏辅政，马上任命杨勇为东京小冢宰，替老爸镇守洛阳；杨坚篡位前夕，杨勇又回到京师，统领禁军，为杨坚篡权保驾护航。总之，身为嫡长子的杨勇为杨坚建立隋朝做出了应有的贡献，所以，隋朝建立以后，杨勇也就毫无悬念地被立为太子，成了爸爸的法定接班人。

既然当了接班人，自然要学习怎样治国理政。隋朝初年，军国大事杨坚都让杨勇参与决策，杨勇的表现也可圈可点。其中，最为人称道的就是他关于怎样处理北齐遗民问题的建议。

隋朝是由北周和北齐整合而成的。其中，北周社会发展落后，所以，老百姓通常不是当兵就是种地，少有第三种职业。而北齐经济发展程度相对比较高，老百姓有很多都脱离了土地，从事工商业，这让在北周社会环境下成长起来的隋文帝杨坚非常看不惯。他觉得，离开土地就是游手好闲，游手好闲就会为非作歹，所以，一定要好好整顿整顿这些人！

怎么整顿？隋文帝说，与其让他们闲来生事，倒不如把他们都迁到北方边境去。这就相当于流放了。可以想象，如果这个政策出台，肯定会让整个山东地区都骚动起来，对于新生的隋朝当然不利。

皇帝一言九鼎，怎么办？这时候，身为太子的杨勇就给爸爸上谏了。他说："窃以导俗当渐，非可顿革，恋土怀旧，民之本情，波迸流离，盖不获已……若假以数岁，沐浴皇风，逃窜之徒，自然归本……何待迁配，以致劳扰。"您想让老百姓都安顿下来，这个想法是好的。但是，移风易俗是个慢工夫，需要慢慢地引导。如果操之过急，让老百姓背井离乡，恐怕引起变乱。隋文帝一听，觉得有道理，便采纳了他的建议，山东地区的老百姓也因此躲过了一劫。

从这件事上可以看出来，杨勇治国的理念要比杨坚先进。杨坚对待异己分子不问缘由，简单粗暴，是一种军事化的思维模式和管理模式。而杨勇则强调春风化雨，循序渐进，体现出了一种文治的精神。

这两种治国理念哪个更好？对于开创帝业，也许隋文帝更合适；但是对于守成而言，应当是杨勇的更胜一筹。

事实上，史书提到杨勇时，也说他"颇好学，解属词赋，性宽仁和厚"，也就是说，他特别爱学习，通晓辞赋，性格宽仁厚道，为人率直任情，不美化掩饰自己。符合人们对太子的一般期待。

在很长一段时间里，隋文帝对他也颇为满意。但到了开皇中期，太子杨勇却逐渐失宠了。而且，既失宠于父，又失宠于母。这是怎么回事？

二、失爱于父

杨勇失宠，有两个主要原因。

第一，他不够艰苦朴素。

第二，他不够谦虚谨慎。

先看第一点，艰苦朴素的问题。隋文帝是个非常节俭的人，当了皇帝之后也还保持节俭的本色，每天只吃一个荤菜，穿衣也是新三年，旧三年，缝缝补补又三年。可是，到了杨勇的时候，国家已经富裕起来，国库里的绢帛都多得没地方放，杨勇在这样的环境里成长，对生活品质的要求也就比爸爸高出了许多，开始向往精致的生活。

有一次，他居然想用金银去装饰一副从蜀地运来的铠甲，这可把隋文帝气坏了。铠甲是防身用的，装饰得那么花哨干什么！为教育儿子，文帝板起面孔说："自古帝王未有好奢侈而能久长者。汝为储后，当以俭约为先，乃能奉承宗庙。吾昔日衣服，各留一物，时复观之以自警戒。恐汝以今日皇太子之心忘昔时之事，故赐汝以我旧所带刀一枚，并菹酱一合，汝昔作上士时常所食也。若存记前事，应知我心。"大意是说，帝王要想统治长久，就不能奢侈享乐。你以后是要当皇帝的，所以要特别注意节俭。

就拿我来说吧，当了皇帝之后，我特意保留了一身过去穿的旧衣服，随时提醒自己不忘本，现在，我也把这个好方法传授给你。我要赏给你一把旧刀和一盒酱，刀是我用过的，酱是我当年常吃的，希望你随时看看这两样东西，保持艰苦朴素的本色。

老爸也是老板，说得自然没错，杨勇只好唯唯诺诺地接受过来了。

从今天的角度来看，我们应该怎么评价这件事？老实说，虽然隋文帝讲的居安思危并没有错，身为一个皇帝，主动约束自己也非常可敬，但是就事论事，杨勇也不乏令人同情之处。仔细想想，杨勇面临的问题和我们这一代人颇有相似之处。我们这一代人都是伴随改革开放成长起来的，眼看着国家一天天繁荣起来，当然也乐于享受一下这繁荣的成果，花钱难免随意了一些，而我们的父辈大半生都在艰苦奋斗，花钱往往更仔细。两代人生活经历不一样，观念不一样，很难绝对说谁对谁错，但是，老辈人难免还是要唠叨，说我们不懂事。这里面，其实有着微妙的张力。

问题是，我们的父辈都是老百姓，他们对我们看得惯也罢，看不惯也罢，其实对我们未必会产生太大的影响，而隋文帝就不一样了，他可是皇帝，他对太子不满意，这难免让一部分人紧张兮兮，也会让另一部分人心生他想。

再看第二点，谦虚谨慎问题。太子怎么不谦虚谨慎了？这其实是一次冬至节惹的祸。

按照古代的礼仪，冬至是一个非常重要的节日，因为从这一天开始，阳气就逐日增长了，阳气象征着为君之道，所以冬至那天，文武百官都要朝贺皇帝。太子是储君，按照当时的规矩，百官在朝拜完皇帝之后还要去东宫觐见太子。

这一年冬至的时候，百官又按照惯例，去给太子朝贺，杨勇也相当排场，让乐队演奏迎宾曲，自己则身穿礼服，大模大样地接受百官罗拜。本来，杨勇这样做也是南北朝的惯例，而且恐怕往年都是这样搞的，但是这一年，不知道为什么触怒了隋文帝。

隋文帝问朝臣，我听说冬至那天文武百官都去朝觐太子了，这是什么礼数？有个大臣回答说，百官见太子应该叫贺，不应该说朝。隋文帝说，既然是贺，那就应该是三五成群，谁愿意去谁去，怎么文武百官都排着班去了？而且，太子又是穿礼服，又是奏乐，比我排场还大，他眼里还有没有我这个皇帝？

发了一顿无名火之后，隋文帝马上下了一道诏令：“礼有等差，君臣不杂。皇太子虽居上嗣，义兼臣子，而诸方岳牧正冬朝贺，任土作贡，别上东宫；事非典则，宜悉停断！”国家制定礼仪就是要区别人的身份、等级，皇太子虽然是储君，但毕竟还不是君主。现在他的身份，不还是臣子吗？而你们这些大臣，居然也像对待我一样，去朝贺他，还要给他上贡，这不合典则的事情，从今以后，再也不许这样做了。

很明显，杨勇这个娄子捅大了。用金银装饰铠甲还只是生活态度问题，而大模大样地接受百官朝贺可就涉及最敏感的权力问题了。

隋文帝是一个猜忌成性的皇帝。因为他自己的皇位是篡来的，所以总担心别人也像他一样篡权。因此，对人格外防范。现在一看太子丝毫不懂得谦虚谨慎，排场比自己还足，他的猜忌心一下子就膨胀起来，这小子，想当皇帝的心也太急切了吧。从此，隋文帝对杨勇就更加看不惯了。

三、失爱于母

在父皇面前失宠已经非常不妥，更糟糕的是，杨勇在母亲这边也失宠了。

在父亲那边是因为不够艰苦朴素，不够谦虚谨慎，那么，在母亲这边又是因为什么？主要问题是生活作风不够检点，不能坚守一夫一妻制。

杨勇还没当上太子的时候，杨坚夫妇就给他娶了一个姓元的姑娘。这个姑娘的爸爸叫元孝矩，是北魏的皇族，也是北周著名的将军，跟杨勇门当户对，应该是门好亲事。

没想到，正是因为出身皇族，又是武将之女的缘故，元姑娘刚强严肃有余，温柔活泼不足。这样的性格特点很对婆婆独孤皇后的胃口，但可惜，完全不是杨勇喜欢的范儿。杨勇曾经跟他的叔叔抱怨说："阿娘不与我一好妇，亦是可恨！"所以，杨勇当了太子之后，虽然立元氏为妃，却对她一点儿热情也没有。

杨勇不喜欢元妃，那他喜欢谁？他喜欢的人可不少，但最得宠的是一个姓云的姑娘。这个云姑娘的爸爸叫云定兴，是个手艺人，在古代地位很低，但此人心眼特别灵活，替人设计个马鞍，这个马鞍立刻就成了京城里的流行样式，再替人设计个帽子，这种帽子马上也赢得满大街人的效仿。

可以想象，这样的爸爸调教出来的女儿定是心思灵动的。另外，既然是寒门小户出身，也就不会整天端着个架子，相反，一定是特别温柔体贴。

杨勇在元妃面前没有感受过的生活乐趣，在云姑娘这里全找补回来了，所以，没事整天往云定兴家里跑，跟云姑娘偷偷约会，甚至还生了一个孩子。既然孩子都生了，云姑娘当然也就不能住在外面了。杨勇把她接进宫来，封为昭训。之后接连跟她生了三个儿子。这样一来，元妃也就彻底失宠了。

杨勇的这种行径按照古代的一般标准来看并不出格，但是，可把他的母亲独孤皇后给得罪透了。

独孤皇后为什么不满意？因为她奉行一个在今天看来极端合理，而在当时看来却极端出格的原则，一夫一妻制。

要知道，独孤皇后可是北朝贵族出身，北朝贵族女性在历史上是鼎鼎有名的嫉妒成性，独孤皇后在这个问题上态度尤其坚决。根据《隋书·后妃传》的记载，十四岁的独孤伽罗在新婚之夜就让丈夫杨坚立下誓言，终生只有她一个妻子。

独孤伽罗为什么这么霸气十足？除了对自身比较自信之外，更重要的是，独孤夫人的爸爸独孤信就是杨坚爸爸杨忠的老上级，而独孤夫人的姐姐当时已经是北周的皇后，所以，独孤夫人算是下嫁，自然强势一些。

可是，后来独孤信不是很快倒台了吗？杨坚也犯不上怕她一辈子吧。确实，后来独孤信死了，但独孤夫人自己却成长起来了，成了杨坚的贤内助，让杨坚对她又敬又爱。

有一件事让杨坚没齿难忘。北周末期，杨坚刚刚开始辅政的时候，忐忑不安，还在犹豫当权臣还是直接篡位当皇帝的时候，独孤夫人派人给他传话说："大势已然，骑兽之势，必不得下，勉之！"意思是说，现在形势已经是这样了，你已经是骑虎难下了，所以不如往前再走一步。这一下子坚定了杨坚的信心。

这种审时度势的能力和坚强果敢的性格让杨坚佩服得五体投地，情愿跟她终身厮守。即便是后来当了皇帝，还是自动自觉地坚守当年的诺言。虽然也按照惯例在后宫设置了一些妃嫔的职位，但是，这些职位都是摆设，而且品位比一般朝代都低，只有独孤皇后才是三千宠爱在一身。

独孤皇后这样做，生活在今天的人肯定高度认可。问题是，她不仅要求隋文帝这样做，也要求所有人都这样做，这就有点脱离时代背景了。

举个例子。当时有个大臣叫长孙览，此人在平齐之战中有功，所以，北齐灭亡之后，皇帝就把齐后主的妃嫔库狄氏赏给他当了小妾。没想到，长孙览对库狄氏一见钟情，很快就把原配夫人郑氏冷落到了一边。郑夫人一生气，就把状告到了独孤皇后这里。独孤皇后可是“妻子权益保障协会主席”，一听郑夫人控诉，二话没说，勒令长孙览和库狄氏离婚，终身不许往来。

事实上，不光对长孙览如此，独孤皇后无论听说哪位大臣纳妾，都相当反感，如果谁家小妾怀孕就更不得了，她必定得让隋文帝把这个大臣降级才行，真是疾恶如仇。

现在，太子杨勇居然敢无视母亲的训诫，冷落母亲选中的原配夫人，宠幸一个在外面认识的下等人，当然让她非常恼火。

就这样，杨勇不仅得罪了父皇，还得罪了母后。

总结一下，杨勇的问题到底出在哪里？抛开具体的事情不谈，杨勇真正的问题出在他的性格上。

《隋书》写得非常清楚，就是“率意任情，无矫饰之行”。非常任性，随心所欲，不喜欢伪装。换句话来说，明知道自己的有些做法不符合皇帝、皇后的期待，依旧我行我素。这样的性格跟隋文帝夫妇简直格格不入。从前面的讲述中不难看出，隋文帝夫妇的性格严肃、刻板、苛刻。责己严，责人更严。在这样一对夫妇面前，任性简直就是犯罪。

这样看来，杨勇有这样的性格，确实不太适合给隋文帝夫妇当太子，失宠当然也就在所难免了。

太子失宠，对于一个国家来讲绝对不是好事。不过，有一个人却因此偷偷地笑了。

谁呢？隋文帝的二儿子，杨勇的弟弟，晋王杨广，小名阿麽。杨广两征江南，北破突厥，在王子里表现相当突出。

事实上，杨广不光功劳大，名声也挺好。举个例子。有一次，杨广带领士兵出去围猎，忽然天降大雨，手下赶紧拿来雨衣，请杨广穿。没想到，杨广却说，将士们都还在淋雨，我怎么能独自穿雨衣呢！这样的仁义之举马上在将士中传遍了。就从这样一件小事中，也可以反映出，杨广的政治素质还是相当不错的。

人有功绩，欲望自然也随之增长，但是，按照中国古代嫡长子继承制的原则，作为二儿子的杨广本事再大也没有接班的希望，这让他相当无奈。可是现在，眼看哥哥杨勇不讨父母喜欢，杨广觉得自己的机会来了。

怎样做才能抓住这个机会？杨广是个聪明人，他决定，杨勇从哪里跌倒，自己就从哪里爬起来。为了取悦隋文帝夫妇，杨广做了以下三方面的事情。

第一，艰苦朴素。杨勇不是因为过度装饰铠甲挨批了吗？杨广就把自己王府里所有的屏风、帐子都换成了素缣。既没有图案，又没有颜色，乌压压一片，朴素得让人心疼。

杨勇不是喜欢声色犬马吗？杨广也反其道而行之，虽然精通音律，但为了政治地位，也暂时忍了，大手一挥，把屋子里所有乐器的弦都弄断了，上面落了一层灰也不让人去擦。为什么？这是预备着隋文帝检阅呢。

果然，有一次隋文帝驾临晋王府，一看这灰头土脸的屋子，灰头土脸的破乐器，脸上马上就绽开了笑容。这个儿子，个性和我一样严肃，只喜欢干正经事，不喜欢花里胡哨的东西。这样的生活态度，我喜欢！

第二，一夫一妻。讨好完老爸，还得讨好老妈。老妈不是对生活作风问题特别感兴趣吗？那就在这一点上做足文章。杨广把晋王府里年轻漂亮的侍女都“屏蔽”了，不让她们在人前曝光，就留下几个又老又丑的在外面活动，任谁看了都说，别看晋王年轻，却不好色。仅仅不好色还不够，独孤皇后还特别要求夫妇之间的忠贞。这一点，杨广更是没有问题，天天和自己的王妃萧氏大秀恩爱。

这个萧妃也不是寻常人物，她本来是隋朝的傀儡政权后梁国主萧岿的女儿，因为生在二月，按当时迷信的说法就是克父母，按照惯例要溺死。萧岿不忍心杀害这个小生命，就把她送给了自己的弟弟抚养。没想到，长到八岁的时候，领养她的叔叔死了，于是，父母又把她托付给了舅舅。

后梁国主比较清正廉洁，没怎么照顾过萧妃的舅舅，这个舅舅家的日子相当清苦，所以，萧妃小时候也就跟着舅舅过粗茶淡饭、荆钗布裙的日子。直到十四岁，隋文帝替自己的二儿子晋王求婚，选中了她，萧妃这才重新开始体验皇家生活。可是，这样的日子没过几年，刚找到一点后梁公主、大隋王妃的幸福感觉，她的娘家后梁又让隋朝给灭了，这难免给她造成不小的心理阴影。

但是，从另一方面来看，坎坷的经历倒也历练了萧妃的性格。因为是后梁的公主，所以她有一种自然的高贵气和书卷气；又因为在贫寒的舅舅家长大，她比一般的贵族小姐多了一份谦和体谅；再加上经历亡国之痛，又让她在政治上更加敏感和成熟。

这样成熟懂事的王妃跟深谋远虑、野心勃勃的晋王在一起，正是棋逢对手、将遇良才，彼此配合得相当默契。即使晋王偶尔搞点风流韵事，萧妃也能以大局为重，不仅不去找独孤皇后告状，反而帮他掩盖得滴水不漏。人前人后一副模范夫妻的样子，晋王的两个儿子都是萧氏所生，简直是隋文帝和独孤皇后的翻版，独孤皇后看了当然喜欢。

第三，谦虚谨慎。隋文帝不是讨厌杨勇妄自尊大，乱出风头吗？杨广就刻意低调。每次只要隋文帝或者独孤皇后派人到杨广府上，无论此人身份高低，年龄大小，杨广和萧妃必定热情接待。这种热情，可以具体化解到三个步骤。

第一步，老早就站在门口恭迎。

第二步，奉上美味佳肴，让客人吃好喝好。

第三步，临走的时候再送上一份厚礼。

连吃带拿，再听好话，谁不愿意呢？特别是独孤皇后派出的那些婢女，每次到晋王府来，萧妃都跟她们同吃同住，一点架子也没有，把这些婢女感动得眼泪汪汪的，不住嘴地念他们的好。这让隋文帝夫妇也相当感动，这孩子对我们的奴仆都这么尊重，正说明我们在他的心目中地位高啊！

因为有这三条优点，再加上不俗的功业，杨广在父皇母后心中的地位直线上升。

正在这时候，杨勇那边又出了一个大麻烦，让他和父母之间的矛盾更加激化了。

开皇十一年（591）正月，失宠的元妃得了急病，两天之后就去世了。

元氏得的是什么病？按照史书的记载是心疾，也就是心脏病。这种病本来就有发作快、死亡率高的特性，因此两天去世也不是不可能。

问题是，因为有元氏失宠的事情在先，所以，独孤皇后不免怀疑这里有问题，这个可怜的儿媳妇，很可能是被杨勇毒死的！

杨勇为什么干如此丧心病狂的事？还不是想杀了她，好给那个姓云的妖精腾地方！为妾杀妻，这可就触犯独孤皇后的道德底线了。

古代婚姻讲的是父母之命，媒妁之言，现在，做儿子的居然把父母为他迎娶的媳妇杀死，换成自己选中的情人，这可就触犯了中国古代一个根本性的伦理原则——孝顺了。

何为孝顺？从这个词的构成就可以知道，顺即为孝。只有顺从，才叫作孝。现在，母亲给娶的妻子你不喜欢，不喜欢也就罢了，还要把她毒死，这不光是一个怎么对待妻子的问题，还是一个怎么对待母亲的问题。

中国古代可是讲究以孝治天下的，隋朝对这一点推崇得尤其厉害。独孤皇后本人也是孝道的大力倡导者。独孤皇后的父母早已去世，她就把一片孝心播撒在大臣的父母身上了，只要听说哪个大臣还有父母，独孤皇后一定亲自致意。她这样做，本来也是母仪天下的意思，要给天下人做表率，让天下人学习。想不到，自己的儿子竟然都没有学好，这不是自己打脸吗？

更重要的是，是否孝顺母亲不光是感情问题，还涉及是否尊重母亲的权威问题。权力可是隋文帝夫妻，当然也是任何一个皇帝最敏感的问题，现在太子居然敢触动这根红线，那他在父母心目中的形象自然直线下降。

两个儿子的形象一升一降，意味着什么呢？

就在这一年，隋文帝接见了一个来自南方的术士韦鼎。此人在北周时期预言过隋文帝要当皇帝，所以，隋文帝对他相当信任。这一次，隋文帝问他："**诸儿谁为嗣位？**"我的这些儿子，你看谁应该接班？韦鼎回答说："**至尊皇后所最爱者，当与之，非臣敢预知也。**"皇帝和皇后喜欢谁，当然就是谁来当了，这可不是臣能预知到的。

这一问一答可太有趣了。要知道，当时太子已经立了十多年，按道理讲，谁应当接班是早就确定的事了，隋文帝根本不该有此一问。但他既然这么问，那就说明，这件事已经不再是那么板上钉钉了，反而出现了变化的可能。

隋文帝问得有趣，韦鼎答得也有趣。皇帝应该由谁来接班？当然应该是嫡长子了。但是，韦鼎可没有这么回答。他说，皇帝和皇后喜欢谁就是谁。这是个滑头的说法，但也是皇帝和皇后最爱听的说法。这一问一答，就好像一朵突如其来的乌云，出现在隋朝的政治天空中。

尽管如此，太子号称国本，如果没有重大变故，轻易不能变化。换言之，晋王虽然在父母心目中地位不低，但是，要想把太子拱下来，恐怕还有好长的路要走。

那么，他下一步要怎么做？

第六章 杨广结盟

随着隋文帝夫妇对太子杨勇不满的升级，晋王杨广也使出浑身解数，尽力讨取父母欢心。但是太子号称国本，轻易不能废立，隋文帝虽然对杨勇不满意，也不可能随便废黜。杨广究竟采取了什么手段，促使隋文帝下定决心？他又为自己谋求了哪些势力支撑？

一、独孤援手

因为太子杨勇任性，而晋王杨广善于表现，隋文帝和独孤皇后的感情天平不由自主地向杨广倾斜，甚至隐隐约约流露出一点更换太子的意思。这让杨广觉得非常激动。但是，他也知道，废立太子可是一件大事，绝不是仅凭父母的感情倾向就能解决的问题。要想撼动太子的地位，必须有强大的势力支持才行。

什么样的支持才管用？既然改立太子既关系到家庭的前途，又关系到国家的命运，那么，来自这两方面的支持就都不可或缺。一定要这两方面都有人给自己说话才行。在家庭内部，杨广把突破口选在了母亲独孤皇后身上。

为什么选独孤皇后？因为独孤皇后不但是六宫之主，而且在政治上对隋文帝影响非常大。

独孤皇后对政局的影响，可不是一般人设想的吹吹枕头风，而是每天都和隋文帝一起上朝。根据《隋书》记载，每次隋文帝上朝，独孤皇后必定陪同前往。但是，送到为止，绝不进朝堂。虽然独孤皇后人不进朝堂，她的心可全在朝堂上。她会派小宦官在朝堂旁听隋文帝处理公务，随时向她汇报大臣的上奏和隋文帝的批示情况，一旦她觉得有什么不妥，就会立刻派宦官传话，提供自己的意见，而隋文帝往往也会尊重她的高见。

这样一来，就连当时的人也难以分清到底什么决策是隋文帝的主意，什么决策是独孤皇后的主意，所以，宫里都把他们两人合称“二圣”。

一听“二圣”，可能大家有印象，唐朝的时候唐高宗和武则天不也合称“二圣”吗？没错，武则天跟唐高宗合称“二圣”，那已经是翻唱了，真正的原创在独孤皇后这儿。不过，虽然都是合称“二圣”，独孤皇后跟武则天可不一样。她虽然热衷政治，但价值观还比较正统，并没有武则天那么强烈的个人野心。

举个例子。有的大臣知道独孤皇后对隋文帝影响力大，就想讨好她，上奏说，根据《周礼》，百官之妻的命妇头衔都应该由皇后授予，现在，请求恢复古制。这是想给独孤皇后找一个出风头、露脸的机会。如果是武则天，肯定会眉开眼笑地接受。但独孤皇后可不一样。

她不仅没有顺杆儿爬，反倒一口拒绝：“以妇人与政，或从此渐，不可开其源也。”如果让皇后册封命妇，我恐怕会开了妇人参与国务活动的口子，甚至发展到干权乱政的程度，所以万万不可。她很清楚，册封内、外命妇是个擦边球，既可以说是妇女活动，又可以说是国务活动。她没有野心，也不愿打这个擦边球。

就这样，独孤皇后一方面积极为隋文帝贡献她的政治才华，另一方面则是牢牢把握尺度，甘做幕后英雄，这样的贤内助谁会不爱？

更浪漫的是，按照史书记载，每天晚上隋文帝退朝的时候，独孤皇后必定早早等在朝堂门口，两个人同反燕寝，相顾欣然。三十年如一日地保持蜜月状态，这样的感情让千年之后的人都羡慕不已，可以想象，在当时，要想找一个能够影响隋文帝的人，不找独孤皇后还能找谁？

这样看来，杨广想要在独孤皇后这里打开突破口确实是明智之举，问题是，要怎样打开这个突破口？杨广是聪明人，他知道，面对独孤皇后这样睿智的女人，玩智谋是不行的，要想打动她，只能靠母子亲情。

再平江南以后，杨广就出任扬州总管了。就在皇太子妃元氏死后不久，杨广回京省亲的假期也结束了，即将离开大兴城，回到扬州去。临行之前，杨广进宫跟母后辞行，一见到独孤皇后，他就扑倒在地说："臣镇守有限，方违颜色，臣子之恋，实结于心。一辞阶闼，无由侍奉，拜见之期，杳然未日。"我假期结束了，该回去工作了。一想到又要有好长的时间不能看到您慈祥的面容，我心里就难受啊。说完哭得呜呜咽咽，简直都直不起腰来。

这样的做法我们可能觉得有点儿过头，但是，天下哪有一个母亲会怀疑儿子对自己的感情呢？独孤皇后也被感动得潸然泪下，说："汝在方镇，我又年老，今者之别，有切常离。"你到那么远的地方去赴任，我如今又老了，咱们母子隔得那么远，我也舍不得离开你啊！

其实独孤皇后那年才四十岁，但是在古代，这已经算是老了，老人虑及身后事，难免有点儿伤感。

杨广一看，感情气氛营造得差不多了，就开始添油加醋地告状了。他说：“臣性识愚下，常守平生昆弟之意，不知何罪失爱东宫，恒蓄盛怒，欲加屠陷。每恐谗谮生于投杼，鸩毒遇于杯勺，是用勤忧积念，惧履危亡。”意思是说，我之所以这么伤心，除了不舍得离开母亲您之外，还有一个原因，那就是我不知道怎么把太子得罪了。他每次见到我就咬牙切齿，杀气腾腾。我真怕他会在您和父皇面前进我的谗言，或者干脆派人给我下毒。所以我天天忧心忡忡，就害怕哪一天再也见不到您了。

本来独孤皇后就一直怀疑儿媳妇元氏是被太子杨勇毒死的，现在又听说自己钟爱的二儿子杨广提到害怕被大哥投毒，一下子触到了她的心事，独孤皇后的怒气马上就爆发了。她说：“睍地伐渐不可耐，我为伊索得元家女，望隆基业，竟不闻作夫妻，专宠阿云，使有如许豚犬。前新妇本无病痛，忽尔暴亡，遣人投药，致此夭逝。事已如是，我亦不能穷治，何因复于汝处发如此意？我在尚尔，我死后，当鱼肉汝乎？每思东宫竟无正嫡，至尊千秋万岁之后，遣汝等兄弟向阿云儿前再拜问讯，此是几许大苦痛邪！”翻译成如今的语言就是说，睍地伐这孩子，越来越让我受不了了，我本来好好地替他娶了元家的女儿，指望他们两个能够兴家立业呢，没想到他对人家不理不睬，却专门去宠爱那个阿云，还跟她生了那么多猪崽子、狗崽子。我这可怜的元氏儿媳，本来一点病都没有，忽然就死了，还不是他杨勇派人投毒所致吗？但事已至此，我也没法深究，没想到，他又想在你这儿干同样的事情！我在的时候他尚且这样对待你，要是有一天我不在了，还不知道他要怎么作践你们兄弟几个呢。我每每想到东宫居然没有一个出身好的后代，还要让你们兄弟在至尊千秋万岁之后，对着阿云生的那些狗崽子跪拜称臣，我的心里就不知道有多痛苦。说完之后，搂着杨广，哭成一团。

这样一来，杨广知道，自己的目的已经达到了，现在母亲的心是完全在他这边的了，有母亲盯着，后宫这边他就不用操心了。

但是，在古代，废立太子是国家大事，光是母亲支持不行，还得大臣支持。那么，大臣这边，谁会支持杨广？

二、杨素加盟

梳理大臣的态度，要先分析一下当时的朝廷情况。隋初朝廷说话最算数的有四位大臣，号称“四贵”，也就是高颎、苏威、虞庆则和杨雄。但是，到了开皇九年（589）平定江南以后，这个格局就变了，杨素的地位迅速蹿升，而苏威、虞庆则、杨雄则先后失宠。所以，在这个时候，朝廷里说话最管用的是两个人，一个是高颎，另一个是杨素。如果他们也能支持杨广，这个事就差不多成了。问题是，这两个人会不会支持？

高颎恐怕不会。为什么？

第一，高颎为人方正，不太可能参与这样的宫廷阴谋。

第二，高颎已经是位极人臣，再参加政治阴谋也没有什么好处。

第三，也是非常重要的一点，高颎的儿子娶了太子杨勇的女儿，和太子是亲家，不可能不帮杨勇说话。

高颎不会支持，杨素有没有可能？杨素还是很有可能的。

第一，杨素为人才大于德，好做奇事，好建奇功，这样的人原则性不强，敢于冒险。

第二，跟高颎相比，杨素在政治上还有上升空间，所以，可以用权力来诱惑他。

我们今天这样分析，杨广当年也会这样分析，所以，拉拢的重点就放在杨素身上了。问题是，图谋废立可是掉脑袋的事情，怎样才能让杨素同意入伙？

杨广回到扬州之后，马上就找了一个谋臣宇文述。宇文述是隋朝名将，也参加过晋王杨广领衔的平陈战争，算是杨广的下属。

杨广觉得他头脑灵活，就把他留在身边，当了寿州刺史，同时也兼任杨广的军师。

杨广见到宇文述，把自己的想法向他和盘托出。那么，宇文述怎么回答的？宇文述说：“**素之谋者，唯其弟约。述雅知约，请朝京师，与约相见，共图废立。**”意思是说，您的军师是我，而杨素的军师是他的弟弟杨约。您要是想让杨素给您办事，先得说服杨约。而我恰好认识杨约，所以，请您让我到京师去吧，我先会会杨约再说。

杨广一听大喜，赶紧给宇文述打点了大量的金银财宝，让他进京。

宇文述一到大兴城，就开始琢磨了，怎样才能拉杨约下水？一般拉人下水，最常用的就是两个手段，一个是金钱，另一个是美色。不过，到杨约这里，美色就免了。

因为此人小时候淘气，爬树时不小心从树上摔下来，摔成了宦官，从此对美色就免疫了。不过，可能也正因为身体有缺陷，他的智力发育格外好，心思缜密，性格阴鸷。杨素本来眼高于顶，难得瞧得起谁，但对杨约倒是言听计从。

既然对美色免疫，那就用金钱收买吧。宇文述回到京城之后，就请杨约吃饭。把从扬州带来的各种各样的金银宝器都摆在旁边。杨约贪财，一边吃，一边不住地瞟这些好东西。

这时候，宇文述说话了。他说，看得出，您喜欢这些东西。

我是个好赌的人，干脆，咱们赌一场吧，就赌这些宝贝，谁赢了归谁。那场赌博到底谁赢了？根本不用猜，杨约赢了。

赌博就是这样，只要赢，就上瘾，从此之后，杨约就天天到宇文述这里报到了，从扬州带来的宝贝也一件件地到了杨约家里。赢到最后，杨约都不好意思了，而且也知道这里必有缘故，就回请宇文述。席间提到那些宝贝，宇文述直言道："此晋王之赐，令述与公为欢乐耳。"你以为我有那么多宝贝？可别做梦了，这都是晋王赐给我的，是晋王让我拿这些宝贝来跟您一块儿欢乐欢乐的。

杨约一听，马上意识到问题严重了。赶紧问，晋王想让我干什么？

宇文述说："夫守正履道，固人臣之常致，反经合义，亦达者之令图。自古贤人君子，莫不与时消息，以避祸患。公之兄弟，功名盖世，当途用事，有年岁矣。朝臣为足下家所屈辱者，可胜数哉！又储宫以所欲不行，每切齿于执政。公虽自结于人主，而欲危公者固亦多矣。主上一旦弃群臣，公亦何以取庇？今皇太子失爱于皇后，主上素有废黜之心，此公所知也。今若请立晋王，在贤兄之口耳。诚能因此时建大功，王必镌铭于骨髓，斯则去累卵之危，成太山之安也。"大意是说，您兄弟两个都是大官，您哥哥杨素是宰相，您也是大理寺少卿，都没少给国家办过事。问题是，办事就会得罪人，所以，肯定有很多大臣恨你们吧。另外，太子因为许多事情不能随心所欲，恐怕也会迁怒于宰相。这样看来，虽然皇帝宠幸您兄弟二人，但暗地里想要整你们的人怕是也不少。现在皇帝已经老了，还能保护你们几年？一旦皇帝升天，你们的处境恐怕就不妙了。怎样才能变不利为有利呢？我想给您支一招。您也知道，如今的太子不讨皇后喜欢，皇帝也早有换人的打算了，只是还没决定下来。如果您能劝您哥哥在这个时候游说皇帝，让他改立晋王，那可就是建了奇功了。事成之后，我们王爷自然不会忘了您兄弟二人的大恩大德，那您就等于又给自己找了一把新的保护伞。您好好想想吧。

杨约本来拿人家手短，再听宇文述分析得入情入理，头头是道，马上就认可了他的意见，回家之后，就把这个意思跟杨素说了。而且，还特别向杨素保证，独孤皇后支持这件事。

杨素听完，抚掌大笑说，你真是比我聪明多了，就照你说的来！

废立之事，弄不好可是要掉脑袋的，杨素怎么答应得这么痛快？很简单，他的动力太大了。

什么动力？权力。当时朝廷里势力最大的就是他和高颎两个人。高颎第一，杨素第二。如果政局维持现状，以后太子杨勇接班，自然跟高颎关系更近，那他这个千年老二可就要做到底了。但是，如果他能帮助杨广夺得太子之位，自然就成了首席功臣，这样一来，他不就成了朝臣之首吗？

杨素是个功名心很重的人，对这样的诱惑真是难以抗拒。所以，他也就豁出去了，赌上一把，力挺晋王，就是力挺自己！

三、太子危机

不过，杨素毕竟是老谋深算之人。虽然愿意赌一把，但在没有摸清情况之前，他可不想贸然行动。

杨素最需要摸清的是皇后的态度。没错，无论是宇文述游说杨约，还是杨约游说他，都保证过独孤皇后支持这件事，但是，这毕竟都是别人嘴里传出来的话，是不是可信，他还得亲自验证一下。

怎么验证这个消息？正好，没过几天，皇帝请客，让他进宫侍宴。这是个接近皇后的好机会，杨素当然得抓住。就在酒宴之上，杨素跟独孤皇后闲聊的过程中，非常随便地说了一句："晋王孝悌恭俭，有类至尊。"晋王这个人，又孝顺又友爱，又恭敬又节俭，跟他的皇帝爸爸一个样。

这句话非常巧妙，说儿子像爸爸，这话到哪里去说都不犯忌讳，也让人抓不到把柄。但是，在独孤皇后所有的儿子里，不提别人，单单提到晋王跟皇帝的共同之处，这又是微妙的试探。

那么，对于杨素的这种试探，独孤皇后是什么反应？独孤皇后的回应非常直截了当。她流着眼泪说：“公言是也。我儿大孝顺，每闻至尊及我遣内使到，必迎于境首。言及违离，未尝不泣。又其新妇亦大可怜，我使婢去，常与之同寝共食。岂若睍地伐共阿云相对而坐，终日酣宴，昵近小人，疑阻骨肉。我所以益怜阿麽者，常恐暗地杀之。”您说的真是太对了，我这二儿子确实孝顺，每次皇帝派人到他那儿去，他必定要走到扬州的边界上去迎接，而且每次从京城回到扬州的时候，也没有一次不哭的，那是真舍不得离开我啊！不光他孝顺，他媳妇也不错，我每次派婢女去，她都跟我的婢女同寝共食。这样的好孩子，哪像老大睍地伐和他媳妇阿云，这两口子终日就知道坐在那里，让自己吃好喝好，还整天亲近小人，猜疑骨肉。我现在就担心啊，睍地伐出于嫉妒之心，把他弟弟阿麽给暗杀掉了。这是明明白白地表示，自己喜欢杨广，不喜欢杨勇。

听独孤皇后这么一说，杨素放心了，马上亮明态度说，就连我这个做大臣的，也和您想的一样啊。既然见解一致，目标一致，那就一起来，把太子拉下马得了！独孤皇后当即赏给杨素一大笔钱，让他当活动经费。

就这样，倒太子挺晋王的集团正式形成，并且开始分头活动。

独孤皇后利用自己皇后的身份在太子宫中安插了眼线，从此，太子每天的一举一动被她尽收眼底，然后再挑出其中的阴暗面，添油加醋地汇报给隋文帝。让隋文帝觉得，太子生活奢侈糜烂，难当大任。

另一方面，杨素则在朝廷里煽风点火，鼓动所有官员，特别是任职于太子府的官员写检举信，深挖太子在工作方面的失误。一时之间，真是“内外喧谤，过失日闻”。

与此同时，杨广倒是被各个方面夸成了一朵花。两相对比，由不得隋文帝不动心。

太子杨勇虽然任性，但是，他也不是傻子，现在，宫廷和朝廷都掀起了反太子大合唱，父母对他也越来越冷淡，他当然意识到，自己的地位岌岌可危了。

怎么办？人一急，脑子就乱，杨勇也不例外。他不去想怎样检点自己的行为，改变父母的印象，反倒想了一个最最愚蠢的法子，请术士作法。

他请的这个术士叫王辅贤，号称精通天象。此人到了太子府上，看了看天象，发表了一通高论：“白虹贯东宫门，太白袭月，皇太子废退之象也。”有一道白虹横贯了东宫门，而且，太白金星也夺了月亮的位置。东宫和月亮都是太子的象征，看来，您有被废的征兆。

一听就能明白，这哪是算的？从外面一打听就知道了。古往今来，算卦的都是这么骗人的。

然而，当局者迷，太子杨勇可没想到这些。相反，他觉得，术士算得真准。既然算出来了，赶紧给指一条生路吧。王辅贤说，你要是被废，那不就成庶人了吗？不如你现在就主动体验一把庶人的生活，把自己打扮成庶人的样子，过过庶人的苦日子，这样一来，就等于把日后的灾难给提前化解了。

贪心让人变蠢。太子听信了术士的主意，赶紧在后花园造了一座庶人村，建几座低矮破旧的草房，里面铺上草席，每天穿得破破烂烂到那里面去待着，希望能把灾躲过去。

他这样做有没有用？当然没有用，不仅没有用，反而有害。这是搞厌胜，是古代宫廷里头最忌讳的事了。

果然，世上没有不透风的墙。隋文帝很快知道了这件事，派杨素去了解情况。这等于让狼去调查羊了。杨素高高兴兴地领命而去。到了太子府前，大张旗鼓地派人通报，我奉皇帝之命了解情况，请太子做好准备。

一听说皇帝派来的特使就在门前，杨勇当然不敢怠慢，赶紧穿戴得整整齐齐，恭候杨素。没想到左等不来，右等也不来。

杨素到底干什么去了？先找个地方休息去了，故意拖延时间，就是不进门。杨素这样做意欲何为呢？这就是在激怒太子。他知道，让太子这么冠带整齐地干等着，他心里肯定是又气又急。太子城府浅，喜怒形于颜色，他一急，肯定控制不住脾气。而这正是杨素要达到的效果。就这样，杨素休息够了，估计太子已经等得火星乱冒的时候，终于慢条斯理地露面了。

果然，太子一看见杨素，就恨不得生吃了他，脸色也变了，说话也没了逻辑，答辩过程非常失败。杨素回到皇帝身边，一点都没有添油加醋，直接跟隋文帝说，太子一见到我，就对我乱叫乱嚷，态度非常嚣张。现在，我担心的已经不是他怨恨您了，我最担心他会狗急跳墙，铤而走险，陛下还是防着一点吧。

皇室自古情浅怨深。一听杨素这样说，隋文帝可真紧张了。马上把东宫的卫兵都换成了老弱病残，而且还在皇宫和太子宫之间布置了特别岗哨，每隔几步就派一个士兵，对太子严防死守。

到这个时候，傻子都知道，皇帝恐怕真是要换太子了。

俗话说墙倒众人推。在这种情况下，不仅是宫里和朝廷里反对太子的声音越来越大，连术士都纷纷出动，争相跟隋文帝讲，天象有变，皇太子应该废黜。看起来，独孤皇后和杨素这个联盟非常成功，废黜太子简直是势在必行了。

不过，尽管如此，隋文帝还是非常犹豫的。因为有一个关键人物一直没有表态。

谁呢？老宰相高颎。高颎当时在宰相的岗位上已经干了二十年，从建国到治国，没有一件事他没有参与，对待任何问题，他都是知无不言，言无不尽。但是，在太子问题上，他一直没有表态。这让隋文帝很不踏实。

那么，高颎对这件事是什么态度？就在开皇十九年（599），隋文帝亲自来试探了。有一天，他假装出一副随随便便的样子问高颎：“有神告晋王妃，言王必有天下，若之何？”我儿媳妇晋王妃，做了一个梦，梦见神仙告诉她，晋王当有天下，爱卿啊，你怎么看待这个问题？这已经是非常明确的暗示了。

高颎是什么反应呢？他马上跪倒在隋文帝面前，说：“长幼有序，其可废乎！”这一句话，把隋文帝憋在那里了。很明显，老宰相不赞成这件事。而且，老宰相说的这个原则很难驳倒。

看来，只要有高颎在，太子的地位还是撼动不得的。

那么，高颎这把太子的保护伞到底能不能一直撑下去？

第七章 高颎罢相

在晋王杨广的推动之下，独孤皇后和宰相杨素结成了反太子联盟，对太子杨勇展开内外夹击，促使隋文帝产生了废掉太子杨勇、改立晋王杨广的想法。不过废立太子毕竟是国之大事，还得征得宰相高颎的赞同。高颎当年为隋朝的建立和发展立下了汗马功劳，深得隋文帝和独孤皇后的信任。当隋文帝拿这件事去问他的时候，高颎一口否决。高颎为什么要反对废立太子？他的反对给他带来了什么后果？

一、保护太子

废立太子乃国之大事，除了皇帝认可之外，还得宰相赞同。可是，当隋文帝拿这件事去征求老宰相高颎的意见时，高颎却义正词严地说“**长幼有序**”，一口给否决了。

要知道，高颎在隋朝的地位可是非同寻常，他不仅是隋文帝的佐命功臣，也是隋朝最重要的辅政大臣。二十年来，没有哪件大事不是在他的参谋规划之下完成的。现在他投否决票，让文帝也觉得非常为难。

问题是，高颎一直和隋文帝同心同德，为什么一定要在这个问题上唱反调？换句话说，他反对废杨勇，立杨广的理由，真的仅仅是长幼有序吗？

古往今来，人们在考虑这件事的时候，往往会想到一桩公案。有记载说高颎和晋王杨广曾经因为一个美女产生过矛盾。这个美女不是一般人，而是陈后主的宠妃，张丽华。

这两个人和张丽华之间的关系，还得从开皇九年（589）的平陈战争说起。

隋朝平陈，晋王杨广是名义上的统帅，但实际上主持工作的人是高颎。隋军进入陈朝首都建康后，高颎马上也就跟进做善后工作了。善后工作中很重要的一件事就是处理战争罪犯。而高颎所列出的战犯名单中，贵妃张丽华高居榜首。

让一个妃子承担亡国的罪名，我们今天可能觉得并不公平，不过，按照当时人的想法，张丽华用女色魅惑陈后主，这本身就是罪不容恕。

可是，正在高颎准备执行死刑的时候，忽然接到一封晋王杨广写给他的加急信，信上请他千万刀下留人，留下来干什么？《隋书·高颎传》写得清清楚楚，“晋王欲纳陈主宠姬张丽华”。这样的美人，杨广要留下来自己享用。

那么，对于晋王这么一个请求，高颎是什么反应？高颎说：“武王灭殷，戮妲己。今平陈国，不宜取丽华。”张丽华和商朝的妖姬妲己一样，都不是好东西，不能留，坚持把张丽华给斩首了。

杨广一听高颎如此不给自己面子，勃然大怒，当时就放出话来，说一定会想办法“报答”高公。从此，两个人就产生了过节。

既然有这样的过节，如果杨广当了太子，以后再当皇帝，高颎一定没有好下场，所以，高颎不可能支持杨广。

是不是有这么回事呢？虽然这件事在《隋书》和《资治通鉴》中都有记载，关于隋炀帝的各种小说更是宣传得不亦乐乎，但是我觉得，这件事情不是真的。有三个理由可以佐证。

第一，晋王杨广很早就是个有远大理想的人，一直致力于树立不好女色的良好道德形象。事实上，他也正是靠着这种形象才打动了隋文帝夫妻，甚至让他们产生了废长立幼的想法。

试想，这样一个心机深沉、自制力极强的人，怎么可能在平陈这样一个万众瞩目的情况下，冒天下之大不韪，去庇护一个天下知名的坏女人？就算杨广好色，他在政治上也不会如此幼稚。

第二，平陈那年，张丽华所生的儿子都有十五岁了，而杨广当时刚刚二十岁。两个人的年龄差距太大，就算是杨广不考虑自己的名声和政治前途，似乎也没必要找一个妈妈级别的美人。

第三，当时的一些史书，比如《陈书》《南史》都明确记载，“晋王广命斩贵妃”。也就是说，杀张丽华以谢江南百姓，其实正出自晋王杨广的命令。

基于这样三个理由，所谓杨广和高颎因为张丽华而早有矛盾的记载并不成立，是后来的人在隋朝灭亡之后为了丑化隋炀帝而编造的故事。

既然如此，高颎为什么一定要反对隋文帝的废立之举？他有公、私两方面的考虑。

从公的角度来说，作为一个有经验、有操守的政治家，高颎深知废长立幼可能引发严重的政治斗争，轻则造成政局不稳，重则因此国破家亡，前朝已经有不少这样的教训了，他不希望隋朝再重蹈覆辙。

从私的角度来说，高颎和太子杨勇是儿女亲家，高颎的儿子娶了杨勇的女儿，所以，如果杨勇倒台，以高颎这样敏感的身份，在新皇帝手下很难立足。

有了这公、私两方面的原因，高颎坚决举起了反对废长立幼的大旗，旗帜鲜明地反对废太子。

怎样才能保护摇摇欲坠的太子？除了旗帜鲜明地反对废长立幼之外，高颎也不忘在具体问题上维护太子的利益。

当时隋文帝要削弱太子的军事力量，下令从东宫挑选强壮的卫士，到皇帝身边来侍卫。这对太子当然不利，高颎马上上奏说："若尽取强者，恐东宫宿卫太劣。"如果把强壮的人全挑走了，东宫警卫力量怕会变弱。

隋文帝一听，马上反驳道："我有时出入，宿卫须得勇毅。太子毓德东宫，左右何须壮士！此极弊法。如我意者，恒于交番之日，分向东宫，上下团伍不别，岂非佳事！我熟见前代，公不须仍踵旧风。"大意是说，我经常出门，当然要壮士保卫，太子整天在东宫待着，要壮士干什么？把卫兵分成皇帝和太子两拨本来就不是好事，依我看，不如干脆把太子的卫兵废掉，都用我这边的侍卫，在我和太子两边轮流上班就行了。说完这件事，隋文帝还不忘补充一句，说，我知道以前很多大臣都会心向太子，为自己的将来做铺垫，希望你不要学这种做派！也算是狠狠敲打了高颎一下子。

不过，尽管不能排除高颎的私心，但是，高颎所说的不能废长立幼毕竟是一个非常严肃的政治原则，隋文帝也心存顾忌，不好一意孤行。

就这样，因为老宰相高颎的庇护，太子的地位暂时算是安稳了一些。

那么，高颎这把保护伞是不是能够一直撑下去？非常遗憾，这把伞撑不了多久，因为高颎当时已经是泥菩萨过江，自身难保了。

二、得罪皇后

简单地说，高颎地位不保，是因为他得罪了独孤皇后。

独孤皇后跟高颎关系不是很密切吗？高颎曾经是独孤皇后的爸爸独孤信的家臣，在独孤信倒台后还不忘旧情，一直出入于独孤皇后的家门，所以深得独孤皇后的敬重。杨坚辅政之初，第一时间就去找高颎帮忙，应该也是出自独孤皇后的推荐。独孤皇后对隋朝的政治影响力相当强大，当时和隋文帝合称“二圣”，高颎出自独孤皇后的门下，对他的政治前途自然意义重大，事实上，高颎能够执掌隋朝的朝政二十年，一方面固然是因为他自己的才干了得，但在另一方面，独孤皇后的大力支持也是重要因素。

问题是，有一句话叫作“**成也萧何，败也萧何**”，独孤皇后如此强悍，她欣赏高颎的时候，固然是难得的贵人，可一旦翻了脸，杀伤力也就不是一般的强悍。恰恰就在这个时候，独孤皇后跟高颎翻脸了。原因是两件事。

第一件事，独孤皇后觉得高颎瞧不起她。这还得从一个桃色事件说起。

隋文帝虽说当了皇帝，但是还模范地执行一夫一妻制。可是有一句话说得好，一个人做一件好事并不难，难的是一生只做好事，不做坏事。隋文帝当了一辈子模范丈夫，临到晚年，却犯了一次错误。

有一天，隋文帝到仁寿宫度假，心情放松下来，对什么事情都有兴趣。就在这种情绪的鼓舞下，他注意到了一个宫女。这个宫女不仅长得漂亮，而且气度不凡，看起来大有来历。隋文帝把她叫过来一打听，原来是尉迟迥的孙女。

当年，尉迟迥可是杨坚当皇帝最大的障碍。北周宣帝死后，杨坚矫诏辅政，马上引发了三总管起兵，尉迟迥作为势力最大的那一个，当时可让杨坚没少担心。

后来，尉迟迥兵败被杀，他的孙女也被没入后宫，成了宫女。一听宫女说完身世，杨坚不由得回想起了当年金戈铁马的峥嵘岁月，内心也百感交集。就在这种复杂的心境下，他临幸了这个宫女。

俗话说不比不知道，一比吓一跳。独孤皇后再好，毕竟已经四十多岁了，人老珠黄，跟二十出头的尉迟氏相比立马黯然失色。杨坚一下子就被美色冲昏头脑了，也顾不得独孤皇后的嫉妒了，对尉迟氏山盟海誓，保证退朝之后再来看她。

独孤皇后是六宫之主，出了这样的事情，她马上就知道了。但她装得跟没事人一样，照样和隋文帝一起出门上朝，把隋文帝送到朝堂之后，自已又折回后宫，一顿乱棍打死了尉迟氏。

隋文帝惦记着早晨的约定，退朝之后，兴冲冲地来找尉迟氏，这才发现早被皇后打成了烂羊头。这个突如其来的变故让隋文帝太伤心了，堂堂一个皇帝，连一个小宫女都保不住，这皇帝当得也太窝囊了！

怎么办？把独孤皇后废掉？隋文帝还真没有那份勇气，盛怒之下，他只好离家出走了。按照《资治通鉴》的记载，就是“单骑从苑中出，不由径路，入山谷间二十余里”。骑着一匹马，从禁苑跑出去了，也不管有路没路就往前闯，一直跑出去二十多里，跑到山里去了。

一听说皇帝跑了，朝廷这边可慌了神，国家哪能没有皇帝？赶紧去追吧！谁去呢？高颎和杨素这两个宰相当然义不容辞。好不容易在山里找到隋文帝，两个人赶紧扣马苦谏，让皇帝回去。

隋文帝长叹了一声，说：“吾贵为天子，不得自由！”我虽然贵为天子，但是你们看看，皇后把我管成这个样子，一点自由都没有。

看到隋文帝这么苦恼，高颎不免劝了几句：“陛下岂以一妇人而轻天下！”皇后不过是个妇人，头发长，见识短，你岂能因为生她的气就抛弃天下？

高颎这是什么意思？这是给隋文帝找台阶下呢，说皇后不值得您生气，陛下大人大量，为国家考虑，还是回去吧。隋文帝也知道高颎的一番苦心，总在外面也不是办法，所以，磨蹭到半夜，终于还是回去了。

回去之后，独孤皇后也赔了不是，夫妻双方把酒言欢，这个事情就过去了。可是到了后来，独孤皇后细细打听隋文帝回来的经过，听说高颎居然管她叫“一妇人”，不禁动了无名之火。你是我们家的家臣出身，我这么多年一直庇护你，你怎么敢说我不过是一个妇人？从此对高颎产生了不满。就这样，因为一句无心之言，高颎把强势的独孤皇后得罪了。

这样强势的皇后，得罪一次已经够受的了，没想到，高颎还要得罪第二次。这次是因为高颎的妾生了儿子。

开皇十八年（598），高颎的妻子去世了。独孤皇后虽然对高颎有所不满，但是，毕竟是几十年的交情了，这时候还是挺同情他的，就对隋文帝说：“高仆射老矣，而丧夫人，陛下何能不为之娶！”高仆射那么大岁数了，夫人去世，身边没有一个照应的人，陛下再给他娶一房吧。劝隋文帝帮他再娶一个老伴，好照顾他。

这本来是一番美意，但是，高颎却流着眼泪回绝了。他说：“臣今已老，退朝，唯斋居读佛经而已。虽陛下垂哀之深，至于纳室，非臣所愿。”我老了，退朝回家就吃斋念佛，不想再娶了。伉俪情深，这是独孤皇后最乐于见到的事情了，对高颎的印象不由得大为改观。

问题是，没过多久，情况变了。高颎的爱妾居然生了一个儿子。

这个消息一传出来，可把独孤皇后气坏了。独孤皇后平生信守一夫一妻制的原则，最恨大臣纳妾，现在，高颎不仅有小妾，还跟小妾生儿子，这不是道德败坏是什么？道德败坏也就罢了，还要在皇帝面前假装清心寡欲，这不是两面人吗？有了这两件事，高颎在独孤皇后心目中的形象彻底改变了。再加上高颎还公然支持自己不喜欢的太子杨勇，独孤皇后真是新仇旧恨一起涌上心头，对高颎必欲除之而后快。

怎么才能除掉高颎呢？

独孤皇后的做法是在隋文帝面前挑拨、挑拨再挑拨。从不同角度出发，挑拨隋文帝和高颎之间的关系。

第一个角度，从高颎不忠诚入手。独孤皇后借着高颎的爱妾生子这件事发话了。她对隋文帝说：“陛下尚复信高颎邪？始，陛下欲为颎娶，颎心存爱妾，面欺陛下。今其诈已见，安得信之！”您要给高颎娶妻，他是心里想着爱妾，才不肯娶的，可是却骗您说什么吃斋念佛，无心再娶，这就是公然欺诈。您怎么还会信任他？

那么，独孤皇后这番挑拨对隋文帝有没有影响？当然有。隋文帝和任何皇帝一样，最看重的就是大臣的忠诚，最不能容忍的就是心口不一。

高颎这个事倒是不大，但是一滴水可以折射太阳的光辉。当面欺君，背后又当如何呢？从此之后，隋文帝也开始疏远高颎了。这样一来，独孤皇后的第一次挑拨也就成功了。

第二个角度，从高颎工作不尽力入手。开皇十八年（598），高句丽侵略辽西地区。当年，高句丽所在的朝鲜半岛曾经划入过汉朝的版图，隋文帝此时战无不胜，早想把它收入囊中。没想到隋朝还没动手，高句丽居然主动兴兵犯边，隋文帝当然不能容忍。马上派汉王杨谅为元帅，高颎为元帅长史，率领大军讨伐高句丽。

问题是，高句丽虽然是一个小国，但因为地处偏远的东北地区，又有水道阻隔，运粮运兵都有困难，所以，高颎并不同意这次出兵，也苦苦劝谏过隋文帝。

但是，隋文帝盛怒之下，拒不接受，所以他只好跟汉王杨谅一起去了前线。去了之后，果然因为河水泛滥，运输困难，最后无功而返。

作为皇帝，应该怎样看待这次失败？正常的看法应该是承认决策失误，反思此前高颎的意见。但是，独孤皇后对隋文帝讲："颎初不欲行，陛下强遣之，妾固知其无功矣！"高颎本来就不想去，陛下非要派他去，我就知道他会无功而返的。

什么意思呢？仗为什么打输了？还不是因为高颎根本就不想打！这就等于把战败的责任从隋文帝的身上转嫁到高颎身上了。

这样的解释，隋文帝太爱听了，不仅爱听，也非常愿意相信。当然，因此也就对高颎更加不满了。这是第二次挑拨。

第三个角度，从高颎骄横跋扈入手。前面讲过，讨伐高句丽，是由汉王杨谅挂帅。杨谅是隋文帝最小的儿子，少不更事，在前线难免发些不切实际的高论。而高颎是多年的老宰相，吃的盐比杨谅吃的米还多，所以，也不怎么愿意理会小王爷那些不经之谈。

高颎这么做固然是一心为国，不肯为了敷衍一个小王子而耽误了国家大事，但是，杨谅可不是这么理解的，他觉得，高颎就是轻视他，这可太伤自尊了，所以，回来之后，杨谅就哭着对母亲说："儿幸免高颎所杀。"在前线我差点被高颎杀害。独孤皇后一听怒不可遏，立马汇报给了隋文帝，说高颎对汉王不尊重。这可又触动隋文帝的敏感神经了。

隋文帝虽然自己对儿子要求很严格，但是，在大臣面前，倒是极力维护王子的地位。

隋文帝为什么要这样做？很简单，就是为了提升皇权，提升皇家的威严。但是现在，高颎居然拿汉王不当回事，这不是典型的居功自傲，骄横跋扈吗？这不是想要当权臣吗？隋文帝自己走的就是从权臣到皇帝的路，他当然不希望别人也踏上这条道路。

就这样，因为有独孤皇后这样三番五次的挑唆，隋文帝对高颎的印象也彻底颠覆了。以前，高颎是心腹重臣，现在成了既不忠诚，又不肯干，而且骄横跋扈的权臣。有了这些嫌疑，再加上在太子问题上不肯合作，隋文帝也和独孤皇后一样，对高颎是必欲除之而后快。

三、高颎之废

不过，高颎毕竟是国家大臣，多年的宰相，要想把他拿下去，总得有个能服人的理由。而对付大臣，再没有比谋反更好的理由了。

开皇十九年（599），高颎奉命率军追击突厥，仗打到一半，高颎上奏，要求增兵。这本来是很正常的一件事，可是，面对君相不合的局面，竟有大臣揣摩隋文帝的意思，告高颎谋反。高颎要兵干什么？不是想往前打，他是想往回打，这是有谋反企图？

大臣一告状，隋文帝心里也在紧张激烈地搏斗，要不要就此治高颎的罪？他有点犹豫。没想到，前方战事转折太快，还没等隋文帝犹豫完，高颎已经率领大军凯旋了，这谋反之罪也就不了了之了。

不过，有句话叫“不怕贼偷，就怕贼惦记”，隋文帝既然惦记上高颎了，自然不可能就此罢手。

很快，又一件谋反案出来了。只不过，这次谋反案的主角不是高颎，而是高颎当年推荐的一位将军，名字叫王世积。此人被仇人告发，说他曾经请人看相，看相的说他贵为国君。还说他担任凉州总管期间，曾经和手下议论凉州是用武之地，可以把这里作为基地，图谋大事。这不是狼子野心吗？

这件谋反案其实也只是红口白牙，拿不到什么具体的证据。但是，王世积是高颎推荐的，隋文帝马上敏感起来，要求司法部门认真审问，顺藤摸瓜。

怎么认真审问？那就打吧。打来打去，王世积招供了，他确实想谋反，而且跟高颎有牵连。有些宫廷里的情况，他就是听高颎说的。这就把高颎给卷进来了。一听王世积这么招供，隋文帝大惊失色，一定要彻查此案，还宰相一个清白。

不用说，彻查的结果肯定对高颎不利。有关部门报告说，根据调查，王世积和高颎确实过从甚密，还给高颎送过名马。这可是明白无误的受贿，仅凭这一条，就可以治罪了。这时候，隋文帝才下令结案，判处王世积死刑，而高颎则从轻发落，就地免职，退休回家。就这样，因为一件子虚乌有的案子，高颎二十年的宰相当到了头。

事情到了这一步，是不是就该结束了？

隋文帝可不这么想。高颎虽然回家了，但是，声望还在，朝廷里恐怕还有很多人在观望，甚至等着他复出。另外，高颎虽然被免了官，但并未被剥夺爵位，还是齐国公，这也是政治资本，仍然能对朝政有所影响。

怎么把这两个政治资本都解除干净呢？隋文帝是个极有心机的人，他又实施了第二步计划——苦肉计。

高颎被免职没几天，隋文帝就到他的儿子秦王杨俊家里去了，还特地召高颎侍宴。酒席之上，高颎悲不自胜，独孤皇后也呜咽流涕。随从的大臣都觉得，这应该是皇帝念旧，要召回高颎了。没想到，隋文帝话锋一转，对旁边的大臣说："我于高颎，胜于儿子，虽或不见，常似目前。自其解落，瞑然忘之，如本无高颎。人臣不可以身要君，自云第一也。"过去，我对高颎比对儿子还亲，就算不见面，也总想着他，可是现在，我已经彻底忘掉他了。彻底到什么程度？就好像他这个人从来没有存在过一样。所以，诸位爱卿，当大臣的不能自恃功劳，要挟君主啊，一旦这样，可就万劫不复了。隋文帝为什么这么说？这是在向大臣明确表态，高颎要挟皇帝，我已经彻底抛弃他了。

有道是"楚王好细腰，宫中多饿死"。皇帝这么一表态，下面的人马上就知道该怎么办了。高颎是齐国公，他的下属齐国令很快就发难了。他声称，高颎的儿子，也就是太子的女婿高表仁对高颎说："司马仲达初托疾不朝，遂有天下。公今遇此，焉知非福！"过去司马仲达也曾经假装生病，不去上朝，后来怎么样？他的孙子司马炎不是改朝换代、建立晋朝了吗？那么今天父亲您被皇帝贬官待在家里，未始不是一件好事。

司马仲达就是曹魏的权臣司马懿。他在家装病，骗过了曹操，最后篡夺了曹家的天下。所以，这个告密的齐国令是想说，高颎父子也在图谋造反。

既然有人检举，隋文帝赶紧命令有关部门拘捕高颎，仔细审问。这一审问，罪行就更多了。有人接着举报，曾经有和尚对高颎说："明年国有大丧。"也就是说，明年皇帝要死。还有一个尼姑对高颎说："十七、十八年，皇帝有大厄，十九年不可过。"开皇十七年（597）、十八年（598），皇帝会遭大灾的，十九年（599），他是坚决过不下去的。

这些罪状串到一起，就成了一个首尾相连的故事：高颎整天求神问卜，希望皇帝快点死，他好学司马懿，篡位夺权，这不是谋反是什么？

审案子审到这一步，隋文帝终于发话了。他说："帝王岂可力求！孔子以大圣之才，犹不得天下。颎与子言，自比晋帝，此何心乎！"皇帝难道是可以求得的吗？那是天降大任才能得到的。

像孔子那样的圣人，都没能当皇帝，高颎算什么东西？居然也想自比皇帝？怎么处置？免去爵位，除名为民吧。

就这样，经过步步为营的罗织，高颎的政治资本彻底丧失，再也不能对朝廷发挥任何影响力了。当年，高颎刚刚当上仆射的时候，他母亲就告诫他："汝富贵已极，但有一斫头耳，尔其慎之！"你现在位极人臣，什么都有了，恐怕只剩砍头了！这是一个久经生活历练的老母亲深深的忧虑。高颎也是一个听话的孩子，一直小心翼翼，低调做人，但是，最后还是被卷入宫廷斗争，不免被罢废的命运，真可谓世事无常。

高颎之废是隋朝开皇末年的一件大事，对朝政产生了重大影响。

第一，朝廷里少了一个有能力、有节操、有见识的顶梁柱。要知道，高颎是隋朝政治素质最高的宰相，按照当时人的说法："杨素粗疏，苏威怯懦，元胄、元旻正似鸭耳。可以付社稷者，唯独高颎。"几个宰相之中，杨素个性粗疏，苏威为人怯懦，而元胄、元旻就像鸭子一样，叫唤叫唤可以，其实没脑子。真正能托付江山社稷的，只有高颎一人。

现在，高颎离任，隋朝能把握政治方向，能办大事的人没有了。

第二，也是最直接的影响，高颎一废，皇太子再也没有有力的庇护人了。此刻，杨勇就像砧板上的那块肉，杨素也罢，杨广、独孤皇后、隋文帝也罢，都要向他举起刀子了。

那么，在这种情况下，隋朝的政局，会出现什么样的巨变？

第八章 东宫易主

由于独孤皇后的挑拨，宰相高颎被隋文帝革职为民。太子杨勇失去了强有力的支持，很快被废黜。晋王杨广则成功上位，成为大隋王朝的新太子。可是，太子杨勇虽然不讨父母喜欢，但毕竟没有什么大的过错，隋文帝究竟是以什么名义废黜太子的？这一废立的过程又是如何完成的？

一、皇帝发难

老臣高颎被革职为民，太子杨勇的保护伞轰然倒塌。现在，朝廷里的主要人物隋文帝、独孤皇后和宰相杨素意见高度一致，废长立幼已经是势在必行了。问题是，具体怎样操作？这时候，有个叫姬威的小人物派上了大用场。

姬威是太子杨勇的手下，但早就被晋王杨广给收买了，成了潜伏在杨勇身边的老鬼。开皇二十年（600），杨广觉得时机已到，就对姬威下达命令说：“东宫过失，主上皆知之矣。已奉密诏，定当废立；君能告之，则大富贵！”意思是说，主上已经决定废掉太子，就缺一个人挑头了，你若挑头，富贵唾手可得！

姬威一听，赶紧上书隋文帝，说有确切情报，太子杨勇图谋不轨！

隋文帝当时正在行宫仁寿宫避暑，一听这消息，大惊失色。连忙赶回了大兴城，一夜都没睡好。第二天一大早，隋文帝上朝，第一句话就对大臣说：“我新还京师，应开怀欢乐；不知何意翻然愁苦！”我回到京师，本来应该挺高兴的，但不知为何却如此苦闷，你们说说，这是怎么回事？

隋文帝为什么要问群臣呢？因为他在仁寿宫，整日听独孤皇后和杨素两个人讲太子的坏话，现在又接到姬威的举报，他就以为，太子不才，肯定已经是朝廷的共识了，现在这样问，是想给大臣一个表达的机会，他好趁势把太子废掉。

问题是，他听到的那些太子劣迹好多都是假情报，一般大臣对所谓的太子失德并没有明显感觉，也不了解宫廷斗争的内幕，脑子里没绷紧这根弦，所以，听皇帝这么一问，面面相觑，不知道说什么好。好半天，吏部尚书牛弘才挤出来一句："臣等不称职，故至尊忧劳。"您这么闷闷不乐，肯定是因为我们工作没做好。

这简直是牛头不对马嘴。隋文帝一听，气不打一处来，干脆直接对东宫的那些官员发难道："仁寿宫此去不远，而令我每还京师，严备仗卫，如入敌国。我为下利，不解衣卧。昨夜欲近厕，故在后房恐有警急，还移就前殿，岂非尔辈欲坏我家国邪！"仁寿宫和大兴城离得并不远，但是，我每次回来，都不得不戒备森严，简直像进入敌国一样，你们难道不知道因为什么吗？还有，昨天晚上我拉肚子，本来应该住后殿，这样才方便上厕所，可是后殿防护力量不够，我害怕有人偷袭我，不得不睡到前殿，而且连衣服都不敢脱，这难道不是因为你们想要坏我国家吗？一顿大发雷霆之后，隋文帝直接把几个重要的东宫官员给抓了起来。紧接着，命令杨素当庭宣布太子的罪状。

杨素说，太子的罪状太多了。诸位都知道太子手下有一个叫刘居士的恶棍，纠结一伙豪强子弟，整天为非作歹，扰乱京师治安。刘居士固然已经捉拿归案，但余党尚存。我奉陛下敕令，请太子好好处理刘居士的余党，他居然对我吼叫说，刘居士他们不是早就正法了吗，还让我处理什么？就算还有什么遗留问题，你是宰相，也应该由你负责，跟我有什么关系？诸位听听这话，这不是公然违抗陛下的旨意吗？

还有，太子还曾经对我说，当年我爸爸在北周谋求天下的时候，多危险啊，万一出点差错，还不是我这个长子跟着他一块儿没命，如今他当了皇帝，竟然让弟弟们都骑到我的头上，把我当成眼中钉，肉中刺，这也太没良心了吧。诸位再听听，这不是在怨恨皇帝吗？这哪是太子应该说的话！

大臣们一听，就这些？这也算不了什么大事啊。

隋文帝一看大臣反应不热烈，觉得杨素说的这些还不够有力，自己还得加以补充。他说："此儿不堪承嗣久矣，皇后恒劝我废之。我以布衣时所生，地复居长，望其渐改，隐忍至今。勇尝指皇后侍儿谓人曰：'是皆我物。'此言几许异事！其妇初亡，我深疑其遇毒，尝责之，勇即怼曰：'会杀元孝矩。'此欲害我而迁怒耳。长宁初生，朕与皇后共抱养之，自怀彼此，连遣来索。且云定兴女，在外私合而生，想此由来，何必是其体胤！昔晋太子取屠家女，其儿即好屠割。今傥非类，便乱宗社……我虽德惭尧、舜，终不以万姓付不肖子！我恒畏其加害，如防大敌；今欲废之以安天下！"

大意是说，我早就觉得这个儿子不堪继位，皇后也经常劝我废掉他，但是，我考虑他是嫡长子，又是没当皇帝时生的，所以，一直给他机会，希望他改恶从善。没想到，他这几年越来越不像话了。怎么不像话？隋文帝接连列举了太子的四条大罪。

第一条，太子曾经指着皇后的侍女说，这以后都是我的。我和皇后还没死呢，他就惦记上我们的东西和我们的人了。这不是不孝吗！

第二条，太子妃元氏死的时候，我疑心是他毒死的，说了他两句。没想到，他居然质问我说，是不是元妃的爸爸告的刁状？我一定要把这老东西干掉！这不是威胁我吗？

第三条，他和云定兴家的姑娘在外面鬼混，生了儿子，我和皇后也不计前嫌，还当成自己的孙子看待，主动抱过来要帮他抚养，没想到他居然认为我们不怀好意，马上又派人来把孩子要回去了。这不是和我们离心离德吗？

第四条，云定兴家的女儿，既然能和他鬼混，恐怕也就能和别人鬼混，谁知道孩子是不是他的！如果不是他的，以后也接班当皇帝，那不是乱了血统吗！就算是他的，以云定兴那样的人家，也必定生不出什么好孩子！所以我想来想去，终究不能要这个不肖子！现在，我打算本着为天下百姓负责任的态度，把他废掉，另立太子，你们同意不同意？

大臣们一听隋文帝这番长篇大论，更是糊涂了，说什么儿子盯上妈妈的侍女，儿子不让爹妈抱孙子，甚至孙子不一定是儿子的亲骨肉，这些婆婆妈妈的家庭纠纷，不堪登上大雅之堂，这哪里是皇帝应该说出来的话？太没水平了。就凭这些琐事废掉太子，也太轻率了吧。

就在尴尬之时，左卫大将军元旻说话了。他说：“废立大事，诏旨若行，后悔无及。谗言罔极，惟陛下察之。”废立太子，天子无二言，可是一件大事，陛下不要听信谗言，以免后悔。

很显然，大臣并没有像隋文帝想象的那样，立刻举双手赞同皇帝废长立幼，相反，他们表现得相当怀疑，甚至直接反对。

二、压平朝廷

到这个时候，隋文帝才意识到，自己把问题想得太简单了。这几年，他整天听独孤皇后和杨素两个人说太子的坏话，就误以为太子的种种罪过早就人所共知，大家都巴不得他被废掉，只有高颎反对，所以，才只把工作重心放在了高颎身上。以为只要高颎一下台，就没有任何障碍了。现在看来，情况远比想象的复杂。

府中的大多数臣子对于太子的过错并没有多少认识，甚至，还有人公开支持太子。

在这个时候，其实隋文帝有两种选择。

第一种，好好反思一下，自己是不是太轻率，只听信一面之词？然后重新评估废长立幼的必要性。

第二种，开弓没有回头箭，既然父子之间的嫌隙已经形成，就只能顶着压力把它办成。

隋文帝选择了哪种方案？他选择了后者。为什么？除了他确实对太子不满之外，还因为，经过这么一番折腾，他和太子的矛盾已经公开化，如果太子继续留任的话，以后两个人肯定难以相处，弄不好甚至搞出宫廷政变来。所以，索性一不做，二不休，把太子废掉算了。

既然下了这样的决心，就要考虑具体对策了。

那么，怎样才能让朝廷里的大臣在短时间内都认识到太子的问题？

还有，怎样才能让太子的支持者闭嘴？

先看第一个问题，让大臣了解太子的过错。只有一个办法，让了解真相的人检举揭发吧。能够揭发太子隐私的，当然还得是太子的手下——叛徒姬威了。不过，这一次，隋文帝也意识到，不能只讲太子和自己之间的过节，要重点突出太子可能对国家造成危害才行。

姬威到底是怎么对大臣讲的？他说，太子跟我说了，以后他要是当了皇帝，一定到处修建离宫别馆，好好享受生活，绝不允许任何人上谏，谁要是敢给他提意见，他就立刻杀人立威，杀他一二百人，自然再也不会有人来上谏了。

他还说，宰相这个级别的，也要杀一两个，这样他们就再也不敢轻视太子了。这不是悖谬吗？如果让这样的人当皇帝，肯定是昏君加暴君，诸位可要倒霉了。

另外，太子还请人算卦，说陛下活不过开皇十八年（598）。他天天掐着指头给陛下算日子，诅咒自己的父亲，已经突破做儿子的底线了，这样的人真是不忠不孝、不仁不义，怎么能够继续当太子？

听姬威把太子对大臣、对皇帝两方面的危害都说到了，隋文帝这才流着眼泪发话。他说："谁非父母生，乃至于此！朕近览《齐书》，见高欢纵其儿子，不胜忿愤，安可效尤邪！"意思是说，谁不是爹生娘养的，怎么对父母这么没感情？我最近看《齐书》，见高欢放纵其子酿成大祸，实在忍不住愤怒，这样的事怎么能效仿啊？所以，我这也是忍痛割爱，为国除奸啊！

君臣二人这么一唱一和，不管宣传效果怎么样，也算是给大臣一个交代了。

再看第二个问题，左卫大将军元旻反对废太子。要知道，左卫大将军是隋朝最高的武官，而且掌管禁军，一旦处理不好，甚至可能引发兵变。怎么办？隋文帝把这个难题交给杨素了。

杨素是个足智多谋、心狠手辣的人。在他的精心运作之下，没过几天，司法部门向元旻发难了。他们讲，根据调查，元旻本来跟太子就是同党，两个人往来非常密切。前几天，元旻跟着陛下去仁寿宫，太子还特地派自己的亲信给元旻送信，信封上还写着“勿令人见”四个字。什么事这么见不得人？肯定是搞阴谋！

隋文帝一听这话，赶紧做出恍然大悟的样子，感慨道：怪不得我在仁寿宫干什么太子都一清二楚，原来是有内鬼啊！当时元旻还在殿下带兵宿卫，忽然之间，只听隋文帝一声令下，马上，两个武士就把他绑起来了。这就叫迅雷不及掩耳，解决得干净利落。

元旻一抓，不仅现实的军事威胁解决了，还起到了杀一儆百的作用，马上，再也没人敢为太子喊冤了，整个朝廷一片寂静。

三、废长立幼

皇帝亮明态度是第一步，压服朝廷是第二步，把这两步都走完，隋文帝觉得，还得把太子的罪状搞得更大一些，好让天下人信服。

具体操作当然还是让杨素去办。杨素下令彻查东宫，搜寻对太子不利的证据。搜查的结果怎么样？经过不懈努力，还真搜出了两样新鲜东西。

第一样，几千根槐树棍。

第二样，几斛艾绒。

杨勇贵为太子，收藏金银珠宝、古玩字画，乃至刀枪剑戟我们都能理解，他收集些树枝树叶有什么用？槐树棍和艾绒之间又有什么联系呢？

我们今天的人缺乏相关的生活背景知识，但是，古代人都知道，这两样东西是点火用的。古人没有火柴，怎么点火？就得敲打燧石，打出火星来之后，用艾绒去引着，然后再用着火的艾绒去点燃槐树棍，就可以当火把用了。

问题是，皇太子囤积这样的东西干什么？原来，就在几天之前，太子杨勇从仁寿宫回大兴城，路上见到一棵枯死的老槐树，左右都说，这是好东西。杨勇是贵族公子哥心性，没有生活经验，就问左右，这东西有什么用？左右告诉他，古槐点火最好。杨勇一听，觉得特别有趣，就说，既然如此，你们就把它砍下来，削成棍子，分给卫士们当火把多好！于是就有了这些槐木棍，艾绒则是槐树棍的配套用品。

这本来也是公子哥一时兴起，体贴下人的杰作，可是回来还没几天，也没来得及分发下去，隋文帝就向他发难了。所以，槐树棍和艾绒还堆在仓库里，现在被杨素发现了。

看着这两样东西，杨素马上就动了脑筋了，这里面有文章可做啊！怎么做？他又把姬威找来了，问姬威：你是东宫官员，你说说，太子要这些东西干什么？

姬威既然当了叛徒，那就比任何人都盼望太子倒台，否则他一定是死无葬身之地。他才不会照实说，这是太子一时新鲜，从外面捡回来的。怎么解释呢？姬威一口咬定，这正是太子为造反准备的材料。太子可不光是囤积了这么多槐树棍，他还养了一千匹马呢。从东宫到皇帝避暑的仁寿宫，骑马一夜就到。所以，他打算让卫兵点上火把，趁夜奇袭仁寿宫，把皇帝困死在里面。

杨素一听，这解释很圆满，大喜过望，马上拿着所谓的证据去跟太子对质。问太子，你养一千多匹马，又准备了几千根火把，这难道不是准备造反吗？

杨勇一听他这么无中生有，真是悲愤交加，马上反问杨素，我贵为太子，养一千匹马就是造反，你不过是个大臣，倒听说你家里有一万匹马，这岂不更是要造反？问得杨素顿时哑口无言。

不过，事情既然发展到这一步，那就是欲加之罪，何患无辞了，不管有没有事实依据，槐树棍也好，艾绒也好，马也好，都作为谋反的证据，交给隋文帝就是了。

到此为止，对太子的抹黑工作已经全部完毕，只差最后摊牌了。那么，这个历史时刻会在什么时候到来呢？

开皇二十年（600）十月九日，隋文帝派人召见杨勇。带到朝堂一看，隋文帝一身戎装，端坐在大殿中央，殿下站满了全副武装的士兵。在皇帝和士兵之间，殿东边是文武百官，殿西边则是皇室宗族。很显然，废太子既是国事，也是家事，所以，把两边的人都叫上了，让他们做一个历史的见证。

杨勇和他的几个儿子一到，隋文帝马上让内史侍郎薛道衡宣读废皇太子诏书："太子之位，实为国本，苟非其人，不可虚立……皇太子勇，地则居长，情所钟爱，初登大位，即建春宫，冀德业日新，隆兹负荷，而性识庸暗，仁孝无闻，昵近小人，委任奸佞，前后愆衅，难以具纪。但百姓者，天之百姓。朕恭天命，属当安育，虽欲爱子，实畏上灵。岂敢以不肖之子而乱天下。勇及其男女为王、公主者，一并可废为庶人。"皇太子是国本，承载的是天下重托，所以一定要选好人。可是当今太子亲近小人，不仁不孝，前后所犯错误难以统计。我为天下百姓考虑，不得不割恩正法。杨勇也好，他的儿子女儿也好，一律废为庶人。

宣读完诏书，隋文帝又对杨勇说，你的罪恶，早已是人神共愤，所以，休怪我无情。

事已至此，杨勇是什么反应呢？说实在的，刚才派卫士召见他，杨勇还以为是要将他处死，现在听说只是废为庶人，他甚至都产生了一种隐约的幸福感。所以，二话没说，赶紧跪倒在地，连连叩头说，我本该斩于闹市，以儆效尤，陛下居然可怜我，饶我一命，我真是感激不尽，怎么会怪陛下呢？

就这样，随着一纸废黜诏书，二十年的老太子，瞬息间，苍狗白云。

眼看着太子被废，晋王杨广终于露出了笑容。有废就得有立，现在，他十多年的努力终于要开花结果了。果然，就在差不多一个月之后，开皇二十年（600）十一月初三，众望所归的晋王杨广正式被册立为皇太子。至此，持续了十年左右的储位争夺战最终以杨勇失败、杨广胜利告终。

杨广是个心思缜密的人。他知道，杨勇之所以能被他打败，起因就是隋文帝认为他不够艰苦朴素、谦虚谨慎，这个教训可要牢记。就在正式册立之前，杨广特地向隋文帝提出两个要求。

第一，降低册立仪式上太子的礼服等级。

第二，以后，太子东宫的官员不再向太子称臣，也和其他人一样，只向皇帝称臣。

看到新太子这样自觉自愿地维护皇权，隋文帝打心眼里高兴。怎么表达这种高兴的心情？当时首都地区分为两个县，一个叫长安县，一个叫大兴县。隋文帝让新太子先到大兴县住下了。

这样安排有什么特别的意义呢？隋文帝说得很清楚：我得到的第一个爵位就是大兴公，我是从大兴公这个身份一步一个脚印地当了皇帝的，现在，让你住大兴县，是希望你能沾一沾“大兴”这两个字的运气。很显然，隋文帝对这个新太子充满期待。到此为止，隋朝的太子之争正式尘埃落定。

回头来看，应该怎么评价隋文帝改立太子这件事？可能有人会说，这是大错特错，因为新太子杨广，也就是后来的隋炀帝，最终导致了隋朝的灭亡。隋文帝废长立幼，其实就是亡国的根源！事实上，不光我们这样想，古人也这样想。例如，唐太宗李世民就说：“隋太子勇抚军监国，凡二十年，固亦早有定分。杨素欺主罔上，贼害良善，使父子之道一朝灭于天性，逆乱之源，自此开矣。”杨勇做隋朝太子监国二十多年了，名分早就定了。杨素欺骗君上，残害良臣，帮助杨广上位，使得杨家父子失和，隋亡的乱象从那时候就已经开始了。

那么，这样的说法对不对呢？事实上，这样的说法貌似正确，但其实颇有点事后诸葛亮的嫌疑，是从结果回推原因，并不具有客观性。

那么，仅就当时的情况而言，应该如何评价这次太子废立风波呢？有两方面的情况值得考虑。

第一，隋文帝选择废长立幼，在当时有一定的合理性。比较一下杨勇和杨广两个人的自身素质就知道了。

杨勇前后当了二十年太子，表现如何？客观来说，即使排除独孤皇后和杨素恶意抹黑的成分，也得承认，此人热衷享乐，道德自律性差，顶多算是中人之姿。

相反，晋王杨广不仅功勋卓著，而且少年老成，在性格和能力方面都相当突出。正因为一个是中人，另一个是高人，所以杨广才能在杨勇的太子名分已定，优势极其明显的情况下脱颖而出。隋文帝是个有理想的皇帝，他希望选贤任能，让更优秀的儿子接班，这种想法和做法并不算错。

第二，虽然废长立幼具有某种合理性，但是，它还是给当时的政治造成了巨大的伤害。

首先，废长立幼人为地造成了朝廷的分裂。因为太子之争，很多朝臣都或主动，或被动地被卷进了政治旋涡，各保其主，成为水火不容的仇人。最简单的例子就是高颎和杨素了。

两个人都是当时最优秀的人才，事实上，杨素虽然眼高于顶，但是，最看得起的人就是高颎。就是因为太子问题，这两个人最终站在了对立面上，这是最可悲的人才消耗。

其次，废长立幼也造成了“君子道消，小人道长”的政治局面。客观地说，因为杨勇当太子符合立嫡以长的政治原则，而杨广挑战太子之位违反这条基本的政治原则，所以，杨勇的支持者大多是正人君子，而杨广的支持者则都是些野心家、投机分子。

但最终的结果却是，随着杨广获胜，他的支持者也都鸡犬升天。而随着杨勇被废，他的支持者则难免人头落地。在这样的刺激下，整个朝廷开始弥漫一股不讲原则，不讲道德，只讲利害的政治风气，这当然不利于一个王朝的良性发展。

最后，废长立幼也开启了隋文帝的儿子之间骨肉相残的局面。晋王杨广能当上太子，并不是理所当然，而是努力争夺的结果，这难免让其他的王子产生觊觎之心，从而引发新的动荡，而为了稳定统治，稳固自己的地位，皇帝也好，太子也好，都会变得越来越多疑，越来越高压，也越来越冷血。

换言之，上一轮宫廷斗争刚刚结束，下一轮骨肉相残恐怕就要开始了。

那么，这次的骨肉相残又会是怎样的局面？

第九章 骨肉相残

大儿子杨勇被废太子之位，并不是隋文帝家庭唯一的悲剧。在这场继承权争夺战中，隋文帝另外两个儿子也相继遭遇不幸，三儿子秦王杨俊死于非命，四儿子蜀王杨秀也被剥夺官爵，废为庶民。这是怎么回事？隋文帝的儿子们都做了什么？为什么会有如此悲惨的结局？

一、秦王之死

开皇二十年（600），隋文帝在晋王杨广的诱导之下，废掉了太子杨勇，这自然是家庭悲剧。但是，这并不是隋文帝家庭唯一的悲剧。事实上，就在此前后，隋文帝还有两个儿子也未得善终，一个是隋文帝的三儿子秦王杨俊，另一个则是他的四儿子蜀王杨秀。

秦王杨俊是何许人？简单来说，他和隋文帝的其他儿子一样，是一个从少年时代就被寄予厚望的人。当初，隋文帝能够轻易地夺取北周的天下，一个很重要的因素就是北周宗室力量微弱。所以，杨坚当了皇帝之后，接受这个教训，把自己年纪稍微大一点的儿子都派到要害之地，让他们出镇一方。

当时，秦王杨俊刚刚十二岁，就被任命为河南道行台尚书令，洛州刺史，出镇洛阳。后来，先后担任过秦州总管、扬州总管、并州总管等重要官职。很显然，隋文帝是希望儿子能够在全国的主要地区都历练一遍，增长才干，好拱卫国家。

隋文帝期望很高，可杨俊是不是符合这些期望？非常遗憾，杨俊本人对政治的兴趣其实并不大，因为他志不在此。杨俊从小的理想是当和尚。隋文帝夫妇都是虔诚的佛教徒，几个儿子受他们影响，也都信仰佛教。特别是秦王杨俊，尤其虔诚。小的时候，就曾经请求出家，但是被隋文帝拒绝了。

不过，尽管没有成就夙愿，杨俊倒一直是个心地善良的人。平陈战争的时候，杨俊受命驻守汉口，扼守长江中游，牵制住敌人，好给下游的主攻部队创造机会。

当时，江南的陈朝在汉口对面的鹦鹉洲布置了几万水军，按照作战部署，秦王杨俊应该主动攻打他们，只有这样才能拖住敌人。可是，杨俊心软，他害怕一开战会死人，所以，坚决不许部下出击。幸好当时陈后主无德，这些水军也没什么心情替他卖命，所以干脆识时务者为俊杰，主动投降了。

这样一来，杨俊虽然没有打仗，却收到了打仗的效果，所以隋文帝也没有惩罚他，算是老天成全，善有善报了。不过，尽管秦王人还不错，但他处理事情过于感性，大局观念不强，恐怕不是当政治家的料。

果然，随着年龄的增长，杨俊不仅没能克服这些问题，反倒增添了一些新的毛病。什么毛病呢？跟太子杨勇一样，奢侈。可以想象，一个王子，生活在富庶的年代，又没有什么政治理想，就会逐步耽于享乐。那么，杨俊的奢侈主要表现在什么方面？他喜欢建筑，喜欢把宫殿装饰得富丽堂皇。装饰宫殿就得有钱，预算不够怎么办？杨俊干脆拿自己的办公经费当本钱，放起了高利贷。这样的事情传出去，名声当然不好。被隋文帝知道了之后，狠狠地教训了一下，手下一百多人都被贬了官。

按道理讲，有这样一次教训，杨俊也该知道收敛一点了吧？完全没有。不久，他又“旧病”复发，照样每天想着怎么造房子。别看杨俊政治上糊涂，但是心灵手巧，自己会设计房屋，按照《隋书·文四子传》的记载，他曾经设计了一座水殿，“香涂粉壁，玉砌金阶。梁柱楣栋之间，周以明镜，间以宝珠，极荣饰之美”。房子的四面墙壁都用香料涂得香喷喷的，而台阶则是大理石铺就，就像玉石砌成的一样。宫殿里的每两根廊柱之间，都装上铜做的镜子，一眼望去，不但富丽堂皇，而且富有迷幻色彩。镜子之上再装饰些珠宝，显得很有异域风情。

光会设计房子还不够，他还擅长各种手工活。按照史书记载，他曾经给自己的王妃亲手打造了一副七宝幂篱，盖在头上珠光灼灼，极尽华美之能事，真是风流王子。只可惜珠宝太多，太沉，没办法真的戴在头上，出行的时候只好放在马鞍上摆派。

杨俊的这些行为当然都不入隋文帝的法眼，但是，他所在的并州毕竟离皇帝很远，只要别太出格，隋文帝也未必都能知道。可是，偏巧，杨俊又得罪了他的王妃，把事情闹大了，进而引起了隋文帝的注意。

杨俊的王妃姓崔，是隋朝著名酷吏崔弘度的妹妹。崔弘度以性格严苛、脾气暴躁著称，所以当时有一个顺口溜，叫作“宁饮三升酢，不见崔弘度”。显然，谁犯在他手里，都够喝上一壶的。

有其兄必有其妹，崔弘度的妹妹和他一样，也爱较真，不容人。和她的婆婆独孤皇后一样，崔王妃也信奉一夫一妻制的原则。

不过，独孤皇后的丈夫杨坚是一个工作很忙、自制力极强的人，所以，对一夫一妻制基本上还能遵守；而崔王妃的丈夫杨俊就不一样了。他没有什么工作，又有点艺术家气质，自制力不强，在古代，让这样的人执行一夫一妻制简直太难了。

眼看着秦王今天喜欢这个，明天喜欢那个，网罗了一大群美女，整天在新建的水殿里头轻歌曼舞，王妃崔氏不干了。崔氏不是又强悍又暴躁吗，她没哭、没闹，更没上吊，而是直接往秦王杨俊吃的瓜里投了毒。既然我不能完全拥有你，不如索性毒死你，看你还花心不花心！结果，投毒剂量没掌握好，杨俊没死，而是生了一场重病。

地方医疗条件有限，病了就回到京城去吧，这一回去，问题可就暴露出来了。太医皱着眉头说，秦王杨俊不是一般的生病，是中毒。王子被人投毒，这还了得！再一调查，原来是王妃干的。王妃为什么要投毒？是因为秦王好色。好色都有什么表现？养一大帮美女在水殿里腐败。一连串的问题就这样被揭了个底朝天。

好色和奢侈，那是隋文帝夫妇最不能容忍的问题。太子杨勇就是因为这两个问题失宠的，现在怎么三儿子也这么不学好！

怎么处置呢？隋文帝大笔一挥，“免官，以王就第”。别当官了，你就以王爷的身份到你的府里待着去吧。本来是儿子被媳妇投毒，差点丢了命，可是，隋文帝不仅没有可怜儿子，反倒治了他的罪，这真是有点违背人情了。

连宰相杨素都劝隋文帝说：“秦王之过，不应至此，愿陛下详之。”秦王杨俊这个人有错，但是错不至此，所以陛下啊，是不是可以原谅他一下，从轻发落？

那么，隋文帝是怎么回杨素的呢？他说：“我是五儿之父，若如公意，何不别制天子儿律？”王子犯法与庶民同罪，说得义正词严，其实就是心如铁石，坚决不宽恕。

隋文帝这边不宽恕，那杨俊怎么办？杨俊当时还在病中，根本起不来床，只好派了一个使者，替他向隋文帝请罪。隋文帝对使者说：“我戮力关塞，创兹大业，作训垂范，庶臣下守之而不失。汝为吾子，而欲败之，不知何以责汝！”我好不容易创业，你却想败我的家，我真不知道怎么收拾你好！也就是说，贬官还是客气的！

秦王是一个性格很软弱的人，本来病得不轻，现在又被隋文帝这么一威吓，病势反倒加重了。到了开皇二十年（600）六月，终于一命呜呼。按说，白发人送黑发人，隋文帝应该很伤感吧，并没有。要知道，开皇二十年（600）六月，正是皇太子杨勇被废的前夕，隋文帝全部心思都放在了和太子斗法上，对于秦王之死，根本就没怎么放在心上，只是到秦王府邸哭了几声就了事了。

这也罢了，更冷酷的是，连秦王府的僚佐请求立一块碑，隋文帝都拒绝了，说：“欲求名，一卷史书足矣，何用碑为？若子孙不能保家，徒与人作镇石耳。”想要求名，最好的方法是名垂青史，要一块石头有什么用？这样的说法貌似正确，但实在是太绝情了。人性总有逢迎的一面，大臣一看皇帝如此绝情，也就开始落井下石了。

有人提出，秦王的儿子是崔王妃所生，崔氏因为对丈夫投毒，已经被赐死了，那就是一个罪人啊。她既然是一个罪人，她生的儿子也就是罪人之子，没有继承父亲的资格，也没有主持丧礼的资格。怎么办？干脆让秦王府的官员主丧吧。

就这样，秦王先是被妻子投毒，接着又被父亲抛弃，到死后，既没有墓碑，也没有一个亲人主持丧礼，堂堂王子，简直就和孤魂野鬼一般，真是凄凉透了。

可能有人会说，隋文帝这样严格要求儿子，总比纵容儿子为非作歹强吧？话虽如此，可作为一个父亲，隋文帝的做法还是太过偏激，太过无情了。儒家学说之所以强调父为子隐，子为父隐，无非是说，人伦关系中的温情不容置疑，不容漠视，这是一个社会良性运作的基础。俗话说虎毒不食子，一个连儿子都可以这样冷酷对待的皇帝，还会对谁有更多的同情和宽容呢？

二、蜀王之废

开皇二十年（600）六月，杨俊病死，同年的十月，太子杨勇被废。按照道理，一年之中两个儿子遭遇不幸，隋文帝应该有所反思，格外珍惜剩下的三个儿子才是。但是非常遗憾，他并没有珍惜。很快，老四蜀王杨秀又倒霉了。

蜀王杨秀比秦王杨俊小两岁，小时候的经历和秦王如出一辙。开皇元年（581），他还只有九岁的时候，就被封为蜀王，担任益州总管，去独当一面了。不过，虽然经历相似，但蜀王的性格和哥哥秦王可不一样，他并不软弱，反而相当有英雄气。

根据史书记载，杨秀“有胆气，容貌瑰伟，美须髯，多武艺，甚为朝臣所惮”。杨秀这个人，胆子很大，个子长得也高，留了一口好胡须，还会武艺，政治上也很明白，所以大臣都害怕他。高大魁梧，精力允沛，热衷政治，这不是很像隋文帝吗？隋文帝应该会很喜欢他吧？事实却并非如此。

因为杨秀太锋芒毕露了。杨坚其实是一个多疑的人，特别是到了晚年，更是疑神疑鬼，容不得别人表现突出。看到蜀王如此英气勃勃，他觉得很不放心，私下对独孤皇后说：“秀必以恶终。我在当无虑，至兄弟必反。”杨秀这个孩子，一定不得好死。我活着的时候，可能还没什么问题，到他兄弟掌握天下的时候，他一定会造反。

话虽如此，但在相当长的时间里，隋文帝也并没有把杨秀怎么样，相反，一直让他镇守蜀地，可见对他的能力还是认可的。就算是有疑心，也并不过分。但是，到了开皇二十年（600），情况就发生变化了。

开皇二十年（600），隋文帝废长立幼，改立二儿子晋王杨广当太子。随之而来的是，他对杨秀的不放心程度大大加强了。为什么呢？

首先，他知道，杨秀是在政治上有野心的人，如果杨勇当太子，那是嫡长子，也算是天意，他可能也就认了。可现在隋文帝居然打破这种天经地义的继承原则，让老二杨广当了太子，以他的性格，能完全认可吗？

其次，杨秀镇守蜀地二十年，也是有实力的人物，如果他不认可，会不会引发什么变故？把这样两个因素放在一起考虑，隋文帝就不那么放心了。

一个王子，让皇帝不放心，已经很糟糕了，更要命的是，当时对他不放心的还不只是皇帝。新太子杨广的忌惮之心比隋文帝还重。总的来说，杨广对杨秀的疑虑其实和隋文帝差不多，只不过，他的紧迫感比隋文帝可强多了。

这个老四太能干，现在就威胁我的太子地位，即使以后我当了皇帝，也未必压得住他。与其到那时候找麻烦，还不如现在就把他解决掉了。

怎么解决？杨广可是个聪明人，他知道，在这个问题上，隋文帝的立场和他一致。既然如此，不如借刀杀人，利用老爸把他干掉。

具体怎么运作呢？杨广又找到了老搭档杨素，两个人一嘀咕，很快，杨素一纸奏疏，把蜀王杨秀给举报了。举报什么？杨素说蜀王杨秀在四川穷奢极欲，残害百姓，而且打造了一些只有皇帝才能用的器物供自己享用，有不臣之心。杨素这个检举可太好了，专挑隋文帝的软肋。

第一个软肋是对奢侈腐化零容忍。只要发现有人涉嫌这个问题，他保证火冒三丈。

第二个软肋是抓住权力不放手，就怕别人惦记他的皇位。

现在，杨素就针对这两个软肋进行揭发，隋文帝当然非常重视。本来，自从废长立幼之后，隋文帝对蜀王杨秀就提高了警惕，再听到杨素这些举报，隋文帝更觉得，自己的想法被坐实了。

有道是当断不断，反受其乱。隋文帝立刻决定，征调杨秀回京师。而且，为了避免他抗旨不回，还同时任命了一个叫独孤楷的大臣接替他担任益州总管，即刻上任。

这意味着什么？意味着已经断了蜀王的后路了，你想回来也得回来，不想回来也得回来，因为在四川已经没有你的位置了。

这其实是北周末年杨坚对付尉迟迥的手段。从这一件事就可以看出来，蜀王杨秀这次绝对是凶多吉少了。

隋文帝让杨秀回京，杨秀是什么打算？他也在犹豫之中。这时候，有的属下就劝他，你还是回吧，如果不回，陛下不就更怀疑你有不轨之心了吗？难道你还真想造反不成？杨秀想来想去，也没有更好的办法，还是奉旨回到了京师。

一到京师，隋文帝马上就给他来了个下马威。根本不跟他说话，晾他一天，让他惶惶不安，这是打击气焰。第二天，更厉害了，连面也不见，直接派使者去严词责备他。

经过这样两轮攻势，年轻气盛的杨秀已经被打击得没什么底气了，只能痛哭流涕地谢罪，说："忝荷国恩，出临藩岳，不能奉法，罪当万死。"让我去镇守一方，结果我没干好，我真是罪该万死。主动承认错误，希望唤起隋文帝的同情。

面对儿子的哀哀求饶，隋文帝怎么回答呢？他说："顷者秦王糜费财物，我以父道训之。今秀蠹害生民，当以君道绳之。"杨俊只是浪费资财，而你居然残害百姓！这样看来，你这个错误的性质比秦王还严重，对于杨俊，我只是用父亲管儿子的那种方式来管教，而对你，我恐怕就要用皇帝对待大臣的方式来惩罚了！

一听隋文帝这么说，朝堂上的大臣都觉得太过分了。隋文帝用父亲管儿子的方式管秦王，都已经把秦王管死了，现在又要对蜀王加重处罚，那不更是没有好结果吗？眼看着又一起悲剧正在酝酿，有一个叫庆整的官员挺身而出。他说：“庶人勇既废，秦王已薨，陛下儿子无多，何至如是？然蜀王性甚耿介，今被重责，恐不自全。”陛下，您一共五个儿子，现在，老大废了，老三死了，您剩下的儿子已经不多了，何苦这样严厉？再说了，蜀王是个骄傲自负的人，这样的人就像铁一样，虽然硬，但是容易断。您这样责备他，我怕他承受不了啊。

这本来是一番好意，可隋文帝觉得是在揭他的短，勃然大怒，差一点把庆整的舌头割掉，不仅没有消气，反倒更加暴怒，当即对大臣说：“当斩秀于市，以谢百姓。”应当把杨秀杀掉，来向天下百姓谢罪！随即把杨秀关了起来，让杨素等人审讯。

让杨素来抓这个案子，就等于把杨秀放到太子杨广的手心里了。杨广正中下怀，马上就和杨素达成共识，务必让杨秀万劫不复！为了达到这个目的，杨广和杨素两个人分头行动。杨广负责制造证据，杨素负责发现证据。

杨广都制造了什么证据？有以下两方面。

第一个证据，他暗中制作了两个木偶人，捆住手脚，再用针刺穿木偶的心。然后一个写上隋文帝的名字，另一个写上他的第五个儿子——汉王杨谅的名字。写了名字之后，还在上面刻上一行小字：“请西岳慈父圣母神兵收杨坚、杨谅神魂，如此形状，勿令散荡。”请求西岳华山的男山神和女山神，把杨坚和杨谅的魂魄，都收到华山底下，千万别让他们跑出来，到处游荡。写好之后，就把两个小人埋在了华山脚下。

熟悉中国历史和文化的人都知道，这叫厌胜，是中国古代最经典的咒人方法了。

杨广为什么单写隋文帝杨坚和汉王杨谅的名字，不写自己的名字？很简单，这是给自己脱清干系，省得有人怀疑是他干的。

第二个证据，杨广伪造了一封檄文，上面写着“**逆臣贼子，专弄威柄，陛下唯守虚器，一无所知**”。说皇帝身边都是乱臣贼子，他们早已把皇帝蒙蔽住，而且架空了。

既然如此，蜀王准备怎么办？檄文上写得清清楚楚，他要“**陈甲兵之盛**”并“**指期问罪**”，也就是说，他要从四川亲率大军，讨伐逆臣贼子，清君侧。这不就是叛乱吗！这篇檄文放在哪里呢？杨广把它塞到杨秀的文集之中了。

这两个证据伪造好，接下来就是杨素的工作了。杨素的任务是发现证据，他经过一番搜查，很快就从杨秀的文集里发现了这封所谓的造反檄文，接着，又根据文集中的其他一些线索，来到华山脚下，几下就把搞厌胜的两个小木偶刨了出来。

这两个关键性证据一出来，杨秀的罪可就大了，又是想发动兵变，又是搞厌胜，诅咒自己的爸爸和弟弟，简直是天理难容。隋文帝本来对杨秀就心存疑虑，再一看杨素拿来的这些所谓证据，气得浑身发抖，怒吼道：“**天下宁有是耶！**”天底下怎么会有你这样的不孝子？

事已至此，隋文帝马上宣布，罢免杨秀的蜀王王爵，废为庶人，而且把他放在内侍省，让宦官把他软禁起来，从此一直到死，再也没有恢复自由。就这样，杨广的借刀杀人之计算是圆满完成，又一个政治对手被彻底打倒。

当然，对于隋文帝而言，则是又一个儿子从眼前消失了。隋文帝曾经跟大臣夸耀自己五子同母，家庭和睦，现在，五个儿子中的三个已经被他自己除掉了，这当然是莫大的人伦悲剧。

那么，究竟应该怎样评价这两起家庭悲剧呢？有三个问题值得注意。

第一，在王子教育上，隋文帝存在很大失误。隋文帝最初对王子都寄托了极大的期望，为什么后来又把他们都废掉了？抛开有人恶意栽赃陷害的成分不说，不可否认的是，秦王杨俊也好，蜀王杨秀也好，乃至太子杨勇也好，都有一个共同的毛病，那就是骄纵奢侈。而他们的这个毛病，恰恰是隋文帝教育出来的。

隋文帝让儿子从小就出镇一方，赋予了他们很大的权力，这难免会刺激小王子的骄傲之心。虽然他也给儿子们选派了辅佐大臣，希望他们能够教育儿子，但是，他又害怕大臣们不尊重王子，给大臣们订立了种种规矩，务必让儿子凌驾于大臣之上。这样一来，小王子们自然是有恃无恐，再好的大臣也没有办法管教了。

人都是有弱点的，一个小孩子在权力巨大，而又缺乏必要约束的环境下长大，骄横奢侈就在情理之中了。蜀王杨秀在被废之后曾经上表说，自己“九岁荣贵，唯知富乐，未尝忧惧”，这才导致了最后“轻恣愚心，陷兹刑网”，这个总结非常诚实，也非常沉痛。

第二，在处理王子问题上，隋文帝同样存在很大失误。他的处理方法过于简单粗暴，过于冷血残酷。隋文帝自己的教育失误导致了王子的人格偏差，一旦王子出现问题，隋文帝却丝毫不去反思自己的问题，而是非常轻易地把他们废黜，甚至逼死。

他这种做法，貌似公正无私，法不容情，但其实违反了中国最基本的人情和人伦规范。家国一体，儒法互补本来就是中国传统政治的精髓。如果只讲铁血统治，丝毫不考虑忠恕之道，那最后出现的可能就是暴政。

现在隋文帝在父子关系上已经表现出了这个倾向，可想而知，以后在君臣关系，乃至君民关系上，他也有可能犯同样的错误。

第三，在处理王子的问题上，其实隋文帝是被新太子杨广和宰相杨素利用了。无论是废黜太子杨勇，还是废黜蜀王杨秀，其实，都是杨广在借刀杀人，而杨素则是他最重要的帮手。这两个人都为了个人私利，置亲情于不顾，也置国家利益于不顾。这反映出他们在政治道德方面的严重缺陷。

固然，杨广和杨素都很有才能，也正因如此，他们缺乏政治道德才显得尤为可怕。因为一旦他们的才能运用不当，就有可能给社会造成巨大的危害。

这样看来，骨肉相残，既是家庭悲剧，又不完全是家庭悲剧。事实上，它更像是隋文帝晚年政治上一系列严重失误中的一个环节。

那么，在治理国家方面，隋文帝还会暴露出怎样的问题？

第十章 由盛转衰

隋文帝晚年，家庭四分五裂，变故频繁，他本人也一改隋初勤俭自律的作风，开始放纵自己。在治国理政方面，隋文帝也出现了严重的失误，隋朝初年那种君臣协力、奋发图强的局面，不复存在。隋文帝为什么会发生这些变化？他这种心态的变化会给隋朝带来什么样的影响？

一、仁寿逸志

开皇九年（589）平陈战争结束后，隋文帝的家庭开始出现一系列问题。太子杨勇被废，蜀王被废，秦王夭亡，一个好端端的家庭四分五裂。

事实上，在同一时期，不仅隋文帝的家庭出现了问题，他在治国理政方面也同样出现了严重的失误，隋朝初年那种君臣协力、奋发图强的局面也因此不复存在。

第一个问题，隋文帝开始骄傲自满，追求生活上的享受了，最突出的表现就是兴修仁寿宫。在讲太子被废的时候，已经提到过仁寿宫了，那么，这个行宫是怎么修起来的？这还是在开皇十三年（593）。当时，国内战争已经基本结束，财政上又出现了几百年未曾见过的仓库皆满的喜人场景，国家一副太平景象，隋文帝都有点找不到奋斗的方向了。再加上他已经年过半百，辛苦了这么多年，也想稍微享受一下了。

怎么享受？正好，这一年年初，隋文帝到长安西面的岐州祭祀，觉得这里山长水阔，很适合生活，就决定在这里修一座行宫。这个想法非常不错，问题是，找谁主持修建呢？当时杨素风头正盛，隋文帝就把这个任务交给他了。

杨素适合不适合去完成这项任务呢？从能力来讲，当然不容置疑，但是，杨素有一个弱点，那就是奢侈。在隋朝，如果你想找出一个最有钱的官员，那肯定就是杨素了。杨素富裕到什么程度？按照史书的记载，他有“家僮数千，后庭姬妾曳绮罗者以千数。第宅华侈，制拟宫禁”。意思是说，他有好几千家奴，在后庭穿着绫罗绸缎的高级姬妾，也有一千多人，他的房子修得富丽堂皇，比皇宫还好。

杨素怎么会这么有钱？因为他战功赫赫。隋文帝是一个能办大事的皇帝，虽然生性吝啬，但是奖赏功臣从不含糊。而杨素在平江南、平突厥等重大战争中都立下了赫赫战功，当然被赏赐很多，这样一来，杨素慢慢成了富翁，生活也极尽奢侈。

让这样一个人来主持修建行宫，问题自然就出来了。杨素品位高，他按照自身的品位来设计仁寿宫，把仁寿宫设计得美轮美奂。按照史书的记载，就是“夷山堙谷以立宫殿，崇台累榭，宛转相属”。宁可削山填谷，务必要弄出一大块人造平地，好修建大规模的宫殿建筑群。工程量这么大，当然得耗费大量的钱财，也就远远超过预算了。

光是奢侈也罢了，更要命的是，杨素还有另一个弱点——暴虐。杨素不是每次都在战场上派敢死队冲锋吗？只要打了败仗，回来多少处死多少。

这样严明的军纪是杨素克敌制胜的法宝，在战场上有它的合理性。问题是，现在他又拿这套做法来对付服劳役的老百姓了。这些老百姓在杨素的严厉监督之下昼夜赶工，稍稍体力不支，马上就被视为无用之人。

怎么处理这些无用之人？在山里建行宫要填平山谷，创造更多的平地。杨素下令，就用这些民夫去填，直接把他们推下山谷，上边再盖上土石，打成地基得了！在这样残酷的劳役之下，两年下来，累死的民夫就达到一万多人。这不是对盛世莫大的讽刺吗？

开皇十五年（595）三月，仁寿宫终于修好了。当时高颎还是首席宰相，隋文帝先派高颎去验收。高颎可是和隋文帝一起开创节俭型政府的人物，跟杨素的价值观很不一样，他一看这个宫殿如此豪华，马上心疼国库，也心疼百姓了，回来之后如实汇报说：“颇伤绮丽，大损人丁。”建得倒是挺好，问题是好过头了，损失了好多老百姓。

隋文帝是个节俭的好皇帝，一听高颎这样汇报，心里咯噔一下，就有了先入为主的坏印象。

二月底，隋文帝终于抽出时间亲自去视察了，这一视察，印象更坏了。他在沿途就听到一些说法，说杨素为了赶工期，把好多民夫都累死了，有些人死后填了山谷，还有些干脆就地焚烧了事，这也太不爱惜民力了！所以，一到仁寿宫，隋文帝就怒气冲冲地说了一句：“杨素竭百姓之力，雕饰离宫，为吾结怨于天下。”杨素用尽百姓的财力来修建离宫，他这么干，是在给我招恨啊。

这话传到杨素耳朵里，可让他惴惴不安了一阵子。本来是竭尽全力想讨好皇帝，没想到马屁拍到马腿上了。怎么办？

这时候，有个人把杨素的担忧看在眼里，悄悄给他出了个主意。谁呢？杨素的侄女婿，也是仁寿宫的监工——封德彝。封德彝对杨素说，皇帝听皇后的，现在既然皇帝对您有成见，您不如先跟皇后沟通一下，只要皇后认可，皇帝肯定不会责备您，没准儿还有赏赐呢。

杨素一听主意不错，赶紧悄悄找到独孤皇后，对她说：“**帝王法有离宫别馆，今天下太平，造此一宫，何足损费！**”按道理来讲，帝王就应该是建离宫别馆的，现在天下如此太平，我就帮皇帝修这么一座离宫，这有什么不可以的？花的那点钱算什么？

这一句“**天下太平**”真的把独孤皇后给打动了。是啊，我们以前克勤克俭，不就是为了能够天下太平吗？现在既然已经天下太平了，干吗还要一直当苦行僧呢？

第二天一早，隋文帝召见杨素。杨素虽然提前做了工作，心里还是不太踏实，磨蹭了好半天才进去。进入宫中，一看隋文帝和独孤皇后并排坐在那里，面色和缓，他终于放下心来。果然，刚一说起此事，独孤皇后就发话了。她说：“**公知吾夫妇老，无以自娱，盛饰此宫，岂非忠孝！**”你知道我们夫妻年纪大了，也没别的爱好了，所以给我们修了一座好宫殿，让我们也享受享受，是个忠孝之臣啊！

隋文帝听了，也面带喜色，连连点头。就这样，杨素靡费资财，草菅人命，不仅没有受到惩罚，反倒赐钱百万，赐绢三千段。

怎么评价修仁寿宫这件事？这件事其实并不大，客观地说，作为一朝皇帝，兴修一两座离宫别馆也不算过分。问题是，从这件事上可以看出，隋文帝夫妇的追求改变了，在巨大的成就面前，他们已经不那么愿意自我约束，自我克制了。而隋文帝的自我约束，自我克制，其实正是隋朝在魏晋南北朝的乱世中脱颖而出的法宝。现在，在生活上，隋文帝已经露出了放纵的苗头，那么，在其他方面的任性和放纵也就为期不远了。

二、任情枉法

第二个问题，隋文帝在法律方面任情枉法。隋朝的法律制度是由《开皇律》来规范的。《开皇律》体例严谨，宽严适当，是隋朝法制建设的重大成果，也是隋朝依法治国的依据。

在很长一段时间里，隋文帝也确实模范遵守法律。史书中讲了很多他维护法律尊严的故事，当时的国子博士何妥也称赞他：

“留心狱讼，爱人如子，每应决狱，无不询访群公，刑之不滥，君之明也。”说隋文帝这个人非常尊重生命，在断案和量刑问题上都非常谨慎。

但是，到了开皇后期，隋文帝在司法方面的态度逐渐改变，变得越来越任性了。经常无视法律规范，全凭喜怒任意量刑。举几个例子。

第一个例子，关于基层文官的。要知道，隋文帝内心非常讲究等级制度，相信只有严格的等级制度才能最有效地维护皇帝至高无上的权威。可是他发现，在很多部门，有很多下属并不像他想象的那样敬重上司。但是，按照现行法律，对他们的惩处力度又不够有威慑力。

隋文帝觉得这不好，这是纵容下级抗上。怎么处理呢？开皇十七年（597）三月，隋文帝下了一道命令，说：“诸司论属官罪，有律轻情重者，听于律外斟酌决杖。”如果上司觉得下属实在可恶，就可以在法律规定的惩罚之外再追加杖刑。

这本来是想要给那些中下层官吏一个下马威，让他们知道尊重长官。可是，凡事都有两面性，这条诏令一出，长官们可得意了，争相凌虐下属，以至于出现了“以残暴为干能，以守法为懦弱”的风气。这样一来，上下级矛盾就更突出了，产生了更大的问题。这就是隋文帝率性而为，随意修订法律带来的恶果。

再举一个例子，关于老百姓的。隋文帝是一个很讲道德的皇帝，毕生追求路不拾遗、夜不闭户的太平境界。可是，小民百姓的道德境界没有这么高，总有小偷小摸的情况，这让隋文帝很不高兴。

怎样才能做到天下无贼？隋文帝信奉治乱世用重典。他发布诏令说："盗一钱以上皆弃市。"偷一文钱就要判处死刑，这样的严刑峻法，真是史无前例，闻所未闻。更极端的是，有一次，三个小伙子渴了，共同偷了一个瓜，也被判处了死刑。这都不能算严刑峻法了，简直就是恐怖统治。

这样不合情理的诏令一公布，问题就更多了。

不法分子会觉得，既然偷一文钱要死，偷一千文钱也要死，抢一个商队还要死，那还不如索性做点大案，就算被逮住，死了也值了。这样一来，小偷小摸是少了，可是大偷大盗、抢劫绑票这类大案要案反倒增多了。犯罪分子并没有被震慑住，倒是先把商人吓破了胆，每天都要提醒自己晚点上路，早点投宿，夜里也不敢睡个好觉，生怕被人打劫。这才真是恶政一出，天下骚动。

就在整个社会都惶惶不安的情况下，有几个胆大的人想要好好开导一下皇帝，就劫持了一个司法官员。劫持了之后对他说，你知道我们为什么劫持你吗？我们可不是贪图你那点小钱，我们只是想让你给皇帝传一句话，自古以来，无论谁建立国家，制定法律，都没有偷一文钱就被判处死刑的道理，所以请皇帝也不要这么肆意胡为！如果你不把我这句话带到，小心我下次宰了你！

这个司法官员害怕，赶紧跟隋文帝禀报了这件事。隋文帝一听，也察觉到了问题的严重性了，只好取消了这项政策。这样朝令夕改，同样是率性任情，不尊重法律的恶果。

按说，有这样一个教训，隋文帝应该知道尊重法律的重要性了吧。其实并没有，他的认识始终没跟上去。所以，这条诏令虽然取消了，但没过多久，隋文帝又颁布了新的诏令。

他说，“**盗边粮者，一斗已上皆死，家口没官**”，还有，“**行署取一钱已上，闻见不告言者，坐至死**”。只要贪污，就判处死刑，而且连家人带知情人都不放过。

这么做貌似严格整顿吏治，为民除害，其实，和偷一文钱就判处死刑一样，都只能说是动机良好，效果却很糟，不仅不能真正为民除害，反倒从根本上损害了老百姓的利益。

把这些例子放在一起，就会知道隋文帝晚年在法律方面犯了什么错误。这些错误综合起来，其实就是越来越不理性，一切全凭自我感觉，跟着感觉走，完全无视法律的尊严。那么，隋文帝为什么如此任性？说到底还是皇权凌驾一切的观念在作祟。越到晚年，隋文帝越看重自己的权力，也越乐于享受一下绝对的权力带来的满足感。在这样膨胀的皇权面前，法律当然不可能受到尊重了。

隋文帝想要甩掉法律的束缚，享受绝对皇权，有些野心家就要加以利用了。谁呢？杨素。前面屡次说过，杨素是一个才大于德的人，心机深沉，手段丰富。为了私利，可以不讲任何道德和原则。隋文帝其实已经被他利用过好几次了。现在，看见皇帝喜怒无常，经常抛开法律，任意量刑，杨素又要利用他了。

利用他干什么？这一次，杨素要利用隋文帝除掉一个仇人——鸿胪少卿陈延。此人跟杨素不和，杨素一直想干掉他，但苦于没有机会。有一天，杨素经过鸿胪寺下属的蕃客馆，也就是外国使节的驻地，发现院子里居然残留着没及时清扫的马粪，这不是工作人员失职吗？杨素顿时心生一计，悄悄走进院子，眼睛搜索着工作人员。

工作人员到哪里去了？原来都坐在毡子上赌博呢。这下杨素可算逮到机会了，赶紧添油加醋地汇报给隋文帝，说鸿胪寺在陈延的领导下工作作风非常散漫，工作人员都在上班时间赌博，无人做事，以至于外国使节的驻地到处都是马粪，损害国际形象！

隋文帝可是一个不宽容的人，对待子女也好，下属也好，历来都是恩少威多，一听杨素这样汇报，也不调查、取证，不由分说地把蕃客馆的长官主客令和参与赌博的工作人员都乱棒打死，鸿胪少卿陈延也因为对下属管教不严，就地免官，拉到西市去，被当众揍了一顿，差点一命呜呼。

就这样，杨素略施小计，公报私仇。一般人谈到这件事，肯定会感慨杨素的阴损。问题是，杨素为什么能如此嚣张？说到底，还是因为隋文帝自己先乱了法度，任情枉法，所以才给杨素可乘之机。

三、猜忌大臣

第三个问题，隋文帝猜忌大臣。隋文帝是由权臣当上皇帝的，改朝换代的合法性不足，所以内心一直比较猜忌。还是在开皇初年，他就已经屡兴大狱，把帮他夺取政权的刘昉、郑译一类文官还有王谊、元谐等一班武将都先后除掉，然后提拔高颎、苏威等跟前朝关系不深的政治新秀为自己服务。

客观地讲，隋文帝这样做虽然有点过河拆桥的意思，显得不够厚道，但是，对于摆脱功臣对政治的不正常干扰，建立新的领导核心还是有积极意义的，所以，历来评价也还都比较正面。

可是，到了开皇十年（590）以后，随着国家越来越稳定，越来越强大，隋文帝的猜忌之心不仅没有减弱，反倒逐步加强，这就有点不对头了。

他猜忌谁呢？到这时候，隋文帝猜忌的对象恰恰是他亲手提拔起来的文臣武将。

举一个虞庆则的例子。虞庆则和隋文帝的出身、性格都非常相似，所以在隋朝初年颇受宠幸，和高颎、苏威、杨雄一起，合称“四贵”，本来是隋文帝的心腹重臣。但是，到了开皇十七年（597），虞庆则居然被以谋反罪的名义砍了头。

这件事说起来又是一场家庭悲剧。虞庆则有个小舅子叫赵什柱，本来没什么本事，但是，虞庆则念及亲戚情分，拼命提拔他，让他担任自己的参谋长。

没想到赵什柱居然恩将仇报，在虞庆则身边没几天，就和他的爱妾私通上了。赵什柱也知道，虞庆则是火爆脾气，一旦发现他的丑事，肯定饶不了他，不如先下手为强，把虞庆则除掉算了。正好这时候桂州（今广西桂林）一带有人造反，隋文帝派虞庆则前去平叛，赵什柱心思一动，就想借这个机会除掉虞庆则。

怎么除掉这样一位重臣呢？赵什柱决定铤而走险，到隋文帝面前告密，说虞庆则根本不想去，对皇帝有抱怨之意。按照赵什柱的想法，如果皇帝因此治虞庆则的罪，自己的目的就达成了。

那么，隋文帝是不是像赵什柱希望的那样听风就是雨？并没有，隋文帝既没有罢虞庆则的官，更没有直接把他投进监狱，而是照样派他出征了。

尽管如此，送行的时候，隋文帝还是冷着一张脸，让虞庆则很是摸不着头脑。但是，不明白归不明白，虞庆则还是带兵南下了，而且，一到那里就打了个胜仗，很快就解决了叛乱。

这样一来，跟着他的赵什柱可着急了，再这样下去，他的诬陷之词不就不攻自破了吗？恐怕不等虞庆则收拾他，皇帝就要收拾他了。

就在赵什柱绝望的时候，事情又出现了转机。虞庆则是武将出身，到哪里都喜欢登高远眺，看看山川地貌，分析一下军事地形。从桂州回朝廷，要路过潭州，也就是今天的长沙。他又按照老习惯，带着赵什柱，登上当地的高山临桂岭，眺望山河。眺望一周之后，虞庆则对赵什柱说："**此诚险固，加以足粮，若守得其人，攻不可拔。**"这个地方非常险峻，只要囤积足够多的粮食，再有一个能人防守，绝对是易守难攻啊。

听他这么一说，赵什柱几乎高兴得跳了起来，你说这里易守难攻是什么意思？这不分明是想借这个地方造反吗？本来我只是要告你怠慢军务，就可以了，力度也不够大。现在你居然让我抓住了这么一个大把柄，那我还不如干脆告你谋反！

这样一想，赵什柱就开始用计了。他对虞庆则说，咱们离开朝廷的时候，陛下似乎对你有点不满，也不知是为什么，要不要我先替你到京城打探一番？你也别急着回去，就在这里休息几天，等我探听好了情况你再启程，无论怎样，心里要有个准备。虞庆则一听不无道理，就让他先回去了。

结果，赵什柱一回到京师，马上就向隋文帝汇报：虞庆则认为潭州易守难攻，想在那儿谋反，所以这几天一直逗留不回，我冒死前来向陛下汇报！

隋文帝一听，不由不信，马上就派司法部门去调查了。调查证明，虞庆则确实说过易守难攻的话，也确实在潭州逗留。这也就印证了赵什柱所说的话。

那么，隋文帝怎么处理虞庆则？他根本没给虞庆则辩驳的机会，就以谋反罪把他处决了。一代名将，近二十年的宰相，就这样死于非命。

可能有人会说，就算如此，也不能证明隋文帝猜忌吧？没准儿他是被赵什柱蒙蔽了。其实不然。虞庆则的案子，只要稍微调查了解一下，就能够证明孰是孰非。但是，隋文帝居然既不调查研究，也不给虞庆则辩白的机会，而是一听传言，马上杀人。这是什么心态？这就叫宁可错杀千人，不可使一人漏网，本身就是一种猜忌之心。

事实上，当时不光是虞庆则被杀，“四贵”之中的其他三贵也都没有逃过被猜忌的命运。其中，高颎因为太子事件被罢官，杨雄因为人缘太好而被架空，苏威也因为涉嫌朋党问题被免职，当年被隋文帝亲手提拔，因而也格外信赖的“四贵”，结局居然都如此不堪，说明隋文帝的猜忌之心已经深入骨髓了。

人一旦陷入猜忌的迷局之中，就要开始做荒唐事了。根据史书记载，隋文帝整天怀疑政府部门的小吏贪污受贿，但是又没有证据，怎么办呢？他居然派手下的人充当特务，故意拿钱去贿赂那些小吏，谁要是收下贿赂，就马上斩首。这相当于钓鱼执法。一个皇帝，居然做这样的事情，按照古人的说法，那可就是失人君之大体了。

这样一来，隋朝初年那种君臣一体、励精图治的良好局面也就逐渐消失了，取而代之的是上下离心、人人自为身谋的新局面。

那么，在这种情况下，隋文帝和大隋王朝，还会遇到哪些问题？

第十一章 风波再起

隋文帝后期，因为家庭变故，他的统治心态和朝廷局势都发生了重大变化，朝堂之上日益充满火药味和紧张感。而受这些变化冲击最大的，则是新太子杨广。他好不容易到手的太子之位也变得不稳定起来。这个家庭变故到底是什么？为什么会对政局产生如此重大的影响？

一、独孤之死

隋文帝一生用过两个年号，一个是开皇，另一个是仁寿。听起来，这两个年号都挺好，所谓开皇，当然是开启一代基业，体现出一种创业者激情四射的心态；所谓仁寿，是享国长久的意思，体现出一种守成者的安详。对于一个统治多年的皇帝而言，先创业，再守成，本来是一件非常惬意的事情。

然而遗憾的是，隋文帝在仁寿年间的生活并没有如此安逸。中国人常说，人一生有三种最大的不幸，那就是少年丧父，中年丧妻，晚年丧子。隋文帝开皇末年、仁寿初年，正好是六十岁上下，按照现在的说法，是介于中年和晚年之间，却接连赶上了丧子和丧妻两大不幸。

伴随隋文帝的这种人生不幸，隋朝政坛也出现了一些新的变局，让仁寿这个年号显得并不平静。丧子的不幸前面已经写过了，那么，丧妻又是怎么回事？

仁寿二年（602）阳春三月，独孤皇后和隋文帝一起去仁寿宫度假。这已经是从开皇后期开始每年的惯例了。但是，这一次去，独孤皇后就再也没能回到大兴城。就在仁寿二年（602）八月二十四日，独孤皇后一病不起，病逝于永安宫，享年五十九

（虚）岁。

独孤皇后属于正常死亡，五十九岁在当时也不算短寿，为什么还要把这件事郑重其事地交代出来？因为独孤皇后之死对于隋文帝来说影响太大了。有两个方面的影响尤为深刻。

第一，她的去世让隋文帝自由了。前面多次讲过，独孤皇后信奉一夫一妻制，而且精力特别充沛，每天送隋文帝上班，接隋文帝下班，搞得隋文帝一点私人空间都没有，好不容易喜欢一个尉迟氏宫女，还被独孤皇后打死了。为这件事，隋文帝还曾经离家出走，感慨自己贵为天子，而不得自由。现在，独孤皇后一死，隋文帝头上的紧箍咒终于解除，可以随心所欲地享受自由了。马上，就有两个美女出现在隋文帝的生活中。这两个人，一个是宣华夫人陈氏，另一个是容华夫人蔡氏。

其中，宣华夫人陈氏是陈朝的亡国之君陈叔宝的妹妹，跟哥哥一样风流文雅，而且因为是亡国之人，所以又有一份别样的懂事和小心，这样的性格甚至让独孤皇后都产生了我见犹怜的感觉，所以，在独孤皇后活着的时候已经得到了侍奉文帝的特权，现在独孤皇后一死，更是理所当然地上升为第一夫人了。

容华夫人蔡氏也是南方人，陈朝亡国之后进入后宫。此人号称仪容婉丽，隋文帝垂涎已久，只是碍于独孤皇后的威风，不敢表露出来。现在障碍解除，蔡氏也立刻成了隋文帝身边不可或缺的宠妃。

这样两个温顺的南方美女和刚毅的独孤皇后形成鲜明对比，让隋文帝觉得非常新鲜，也非常迷恋。

这么说来，独孤皇后之死对隋文帝而言是好事了？也不尽然，因为独孤之死对于隋文帝还有第二个影响。

第二，她的去世让隋文帝没有知己了。在这个世界上，如果说谁和隋文帝最像，那就是独孤皇后了。两个人在方方面面都高度一致，有若干事例都可以证明。

第一个，隋文帝节俭自律，独孤皇后在这个问题上也是毫不含糊。《隋书·后妃传》记载了一个著名的故事。当时突厥和隋朝互市，出售一筐明珠，要价八百万钱。这是一个非常合理的价格，幽州总管就力劝独孤皇后买下来。结果独孤皇后说："非我所须也。当今戎狄屡寇，将士罢（疲）劳，未若以八百万分赏有功者。"珍珠是什么东西？饥不可食，寒不可衣，我要它没有用。如今我们跟突厥打仗，将士们都已经非常疲劳了，如果说我们的国库真能拿出这八百万钱的话，不如拿它去奖赏有功将士。这样的高风亮节，一下子赢得满朝喝彩。

事实上，独孤皇后那里不仅没有多余的首饰，连基本的化妆品都没有，有一次隋文帝配药，需要一盒胡粉，去问独孤皇后要，结果独孤皇后说，不仅我没有这种东西，整个后宫都没有这种东西。对于一个妇女而言，不施脂粉，简直是节俭自律到家了！

第二个，隋文帝一心维护皇权，即使是亲儿子挑战，也要绳之以法。在这一点上，独孤皇后也和他保持一致。隋文帝镇压儿子，独孤皇后就压制外戚。整个隋文帝一朝，独孤皇后的娘家人没有一个身居高位。

不提拔外戚也就罢了，一旦外戚犯罪，还要从重处罚。独孤皇后有一个表兄叫崔长仁，涉嫌职务犯罪，本来，隋文帝想要看在独孤皇后的面子上赦免他，不料独孤皇后说："**国家之事，焉可顾私！**"坚决主张斩首崔长仁。这种不纵容外戚，自觉维护皇权的风范当然赢得了隋文帝的尊重。

第三个，隋文帝爱民如子，在荒年的时候跟老百姓一起到洛阳就食，在路上还让侍卫帮老百姓拿行李。在这一点上，独孤皇后也不逊色，据史书记载，每次大理寺判决死刑，独孤皇后都会为死刑犯流下眼泪。

两个人的心意、做法如此相似，当然可以称得上是夫唱妇随，但更贴切的说法应该是同心同德。所以，《隋书·后妃传》说："**后每与上言及政事，往往意合。**"隋文帝的任何一项政治决策，独孤皇后都是第一参与者、第一拥护者和第一执行者，夫妻二人相互扶持，相互砥砺，共同经营着大隋王朝。这就是所谓一个成功的男人背后总站着一个伟大的女人。

特别是在隋文帝晚年，因为权力斗争，他已经疏远了大臣，跟儿子的关系也异常紧张，在这种情况下，独孤皇后其实就是他唯一能够信赖的伙伴，也是他精神的支柱。现在，知己没有了，隋文帝的内心世界其实也在坍塌之中，而且，独孤皇后和隋文帝年纪相差不多，她的去世，肯定也让隋文帝产生了来日无多的恐慌感。

结婚四十多年，当皇帝二十多年，隋文帝已经习惯依赖独孤皇后坚定的意志和敏感务实的政治智慧了，现在，这个支撑一倒，隋文帝真是茫然若失。

这种茫然若失有什么表现？表现在生活上，就是纵欲，整天和宣华、容华二位夫人泡在一起，醉生梦死；表现在政治上，则是更加多疑、善变。

隋文帝是一国之君，他这一变，整个国家的政局就有可能受到影响。事实上，随着独孤皇后去世，有两个人的处境马上变得尴尬起来。一个是宰相杨素，另一个是太子杨广。

二、杨素失宠

先说杨素。独孤皇后去世后，最伤心的当然是隋文帝，但是要说张罗得最辛苦的，还得说是杨素。杨素为什么辛苦？因为独孤皇后的葬礼就是他经办的。为了办得风光隆重，杨素也算是殚精竭虑。

葬礼之后，隋文帝还特地下诏褒奖杨素："杨素经营葬事，勤求吉地，论素此心，事极诚孝，岂与夫平戎定寇比其功业！可别封一子义康公，邑万户。""并赐田三十顷，绢万段，米万石，金珠绫锦称是。"杨素办这个事情办得费心费力，竭尽心力给独孤皇后选风水宝地来安葬她。要论他这份诚心，那是无与伦比的，功劳比平戎定寇还大。因此我决定，封他的一个儿子做义康公，另外给他一万户的食邑。从此，一万户人家的赋税，就不用缴到国库了，而是直接进入杨素的家门。

办一个葬礼，隋文帝居然认为比平戎定寇还要重要，而且给了那么多的赏赐，既说明隋文帝爱屋及乌，当然也说明杨素的用心程度。

但是，这次葬礼恐怕也是杨素在隋文帝一朝得宠的巅峰了。因为就在此后不久，杨素在隋文帝心目中的地位就开始下降。原因是有人弹劾他了。谁呢？大理寺卿梁毗。

就在仁寿二年（602），梁毗上书隋文帝，说："臣闻臣无有作威福。臣之作威福，其害乎而家，凶乎而国。窃见左仆射、越国公素，幸遇愈重，权势日隆，搢绅之徒，属其视听。忤意者严霜夏零，阿旨者膏雨冬澍，荣枯由其唇吻，废兴候其指麾。所私皆非忠谠，所进咸是亲戚，子弟布列，兼州连县。天下无事，容息异图，四海稍虞，必为祸始。夫奸臣擅命，有渐而来。王莽资之于积年，桓玄基之于易世，而卒殄汉祀，终倾晋祚。季孙专鲁，田氏篡齐，皆载典诰，非臣臆说。陛下若以素为阿衡，臣恐其心未必伊尹也。伏愿揆鉴古今，量为外置，俾洪基永固，率土幸甚。轻犯天颜，伏听斧锧。”我听说，臣子是不允许作威作福的，如果一个国家允许臣子作威作福的话，那么必定天下大乱。现在我们国家有没有哪个大臣作威作福？当然有啊，这个作威作福的人就是越国公尚书左仆射杨素。他倚仗陛下的宠幸，权力已经大得没边了，所有的官员都要看他的脸色办事。我们整个官僚系统，其实都受他的指挥。这样下去，有一天他也会走上像王莽、桓玄那样奸臣、权臣的道路。希望陛下能够预先留心到这一点，鉴古知今，不要再给他这么大的权力，我知道我这话不中听，说出来也许您不喜欢，但是为了国家利益，我万死不辞。

当时杨素可是炙手可热的人物，首席宰相梁毗这样说，不是找死吗？果然，隋文帝大怒，马上把他抓了起来，亲自质问他，怎么可以如此诽谤大臣。

没想到，梁毗毫不畏惧，当面对隋文帝说：“素既擅权宠，作威作福，将领之处，杀戮无道。又太子及蜀王罪废之日，百僚无不震悚，惟素扬眉奋肘，喜见容色，利国家有事以为身幸。”我确确实实认为杨素是一个作威作福之人。我有充分的证据。陛下，请您想一想，当年您废掉太子杨勇和蜀王杨秀的时候，我们这些大臣，谁都觉得这是一件非常让人震惊、让人恐慌、让人难过的事，可唯独他越国公杨素，表现出一副扬眉吐气、志得意满的样子。为什么他会有这样的心态？他这是盼着国家有事，好抬升他自己的地位！陛下，这难道是一个忠臣应有的行为吗？

这席话一说出来，隋文帝真是傻在那里了。确实，此前隋文帝一直觉得杨素是在忠实地执行着自己的命令，替自己除掉了两个不肖子，所以才把杨素视为心腹重臣。如果按照梁毗的说法，杨素有个人野心蕴含在里头，那自己岂不是给杨素做了嫁衣裳？这让隋文帝不寒而栗。

另外，梁毗所说的臣子作威作福，必然危害国家，这也是隋文帝衷心认同的观点。把这两个因素叠加在一起，隋文帝对杨素的印象也就发生了改变。按照《隋书·杨素传》的说法，就是“上渐疏忌之”。渐渐地疏远猜忌他了。

隋文帝下敕说：“仆射国之宰辅，不可躬亲细务，但三五日一度向省，评论大事。”仆射是我们国家最重要的大臣，怎能去操心那些鸡毛蒜皮的事？以后你不用每天去上班办那些小事了，你三五天上一次班，管一管大事就可以了。

在古代，这是一条很古老的做法，叫作“外示优崇，实夺之权也”。国家哪有那么多大事要办？人的权威都是从日常工作中奠定起来的，现在隋文帝剥夺了杨素办理日常事务的权力，那实际上，他真正能管的事就很有限了，这是从杨素手里收权。

问题是，光收回杨素的权力还不够。要想让国家正常运作下去，还要扶植新的依靠对象。扶植谁呢？隋文帝越到晚年越猜忌，大臣都不敢信任了，儿子又不放心，综合权衡之后，隋文帝选择了自己的女婿柳述。因为柳述有三个优点。

第一，柳述出身河东柳氏，门望很高，本人又文质彬彬，比较有社会声望。

第二，柳述年轻，没有什么功劳业绩，所以一定唯自己马首是瞻。

第三，也是最重要的原因，柳述的妻子兰陵公主是隋文帝最心爱的女儿。

隋文帝夫妇一共生了五男五女，柳述娶的是隋文帝最小的女儿，小名就叫阿五，封号为兰陵公主。本来最小的女儿就容易受到父母的宠爱，何况兰陵公主也确实给父母争气。是上了《隋书·列女传》的人物，号称“美姿仪，性婉顺，好读书”，不仅长得漂亮，而且性情温婉，爱好读书，是一个知书达理、谨守妇道的人。这让提倡道德的隋文帝非常有面子，所以宠冠诸女。

既然喜欢女儿，爱屋及乌，连带着女婿也沾光，所以，柳述在女婿之中也最受宠。

现在，隋文帝要削弱杨素的势力，就选中这位宝贝女婿取而代之了。让他当吏部尚书，同时参掌机密，整天跟着自己，俨然就是沟通朝廷和宫廷的桥梁。

问题是，柳述上台，对杨素意味着什么？意味着大大的不利。因为兰陵公主和柳述两个人都和杨素有私人恩怨。

对兰陵公主而言，杨素曾经间接害死了她的第一任公公。兰陵公主一生嫁过两个丈夫，第一个丈夫叫王奉孝，是隋初大臣王谊的儿子。王谊和隋文帝是太学同学，隋文帝篡周，王谊也衷心拥护，所以，隋朝建立后，王谊被封为大司徒，还跟隋文帝结成了儿女亲家。

可惜，结婚没多久，王奉孝就去世了，兰陵公主刚刚十三四岁就成了寡妇。王谊看了很可怜，就给隋文帝上书，请求让兰陵公主提前除掉丧服，改嫁算了。

这本来也是公公的一番好意，没想到，却被人弹劾了，说是不知礼数，败坏名教。谁弹劾的呢？就是当时还担任御史大夫的杨素。

隋文帝提倡礼教，杨素这么一弹劾，隋文帝就狠狠地批评了王谊一顿，这让王谊觉得没面子透了。于是心灰意懒，整天在家发牢骚，还找人算命。这么高的身份，又发牢骚，又算命，当然触犯了皇帝的大忌，所以，开皇五年（585），隋文帝干脆把他赐死于家。这也是隋朝初年诛杀功臣的大案。虽然史书没有明确记载兰陵公主有什么反应，但是想来，她对于逼死公公的杨素应该也没有什么好印象。

那柳述跟杨素之间有什么恩怨？杨素奚落过柳述的爸爸。

柳述的爸爸和杨素是一辈人，当官的经历也差不多。但是，隋文帝篡周的时候，柳述的爸爸和叔叔都没有明确表态支持，所以隋朝建立之初，有点不得志，到外地做官去了，而杨素因为立场明确，所以任职中央。

这本来也没有什么，但是，杨素为人轻狂，有一天隋文帝赐宴，杨素和柳家兄弟都位列其中，杨素就借着酒劲奚落柳述的爸爸和叔叔说："二柳俱摧，孤杨独耸。"你看，原来咱们差不多，现在你们这两棵老柳树可被我这棵钻天杨给比下去了。

这当然是句俏皮话，问题是说得太轻浮了一点，柳述的爸爸一言不发，当然，酒席也就不欢而散。就这样，杨素和柳家也算结了怨。

既然杨素和兰陵公主以及柳述都有过节，现在，柳述得宠，当然不会让杨素好过。据史书记载，柳述最喜欢做的事情就是当众折辱杨素。

举个例子。柳述是吏部尚书，杨素是尚书省左仆射，本来是上下级关系，柳述做出的批示都要经过杨素审核方能生效，如果杨素审核有问题，按照规定，可以要求柳述改。可是，柳述偏偏不买杨素的账。每次杨素向柳述提出什么修改意见，柳述都一律驳回，而且直截了当地对使者说："语仆射，道尚书不肯。"去告诉杨仆射，就说我柳尚书不肯改。

这不是要把杨素气死吗？可是他也没办法，明摆着，柳述有人撑腰。就这样，一边收权，一边分权，原本在开皇末年叱咤风云的大功臣杨素在仁寿年间被冷落了不少。

三、杨广危机

开皇末年，杨广、独孤皇后和杨素可是三位一体的关系，杨广能够当上太子，全拜独孤皇后和杨素里应外合所赐。现在，独孤皇后去世，杨素又受到猜忌，这两重因素叠加，对太子杨广的打击太大了。

杨广虽然已经当了太子，但是毕竟时间不长，加上当年废掉前太子杨勇的理由本来就不过硬，所以，杨广当太子的根基并不深厚，还是非常需要独孤皇后和杨素保驾护航的。现在，这两大支柱一死一伤，杨广的势力马上就大大削弱了。

政治上的权力比拼本来就是此消彼长的关系，伴随杨广这边的实力下降，前太子杨勇的势力又有了逐渐抬头的趋势。这趋势有三方面的表现。

第一，杨勇自己不甘寂寞了，整天哭着喊着要见隋文帝。隋文帝废掉太子杨勇之后，就让新太子杨广负责看管。一开始杨勇还很安分，但是，久而久之，他终于耐不住寂寞了，于是整天请求杨广让他见父亲一面。

这不是与虎谋皮吗？杨广当然不会答应，杨勇情急之下，居然爬到东宫的大树上，对着皇宫大喊大叫。东宫距离皇帝的后宫不远，隋文帝还真就听见了，但是，又听不清。正好当时杨素在旁边，隋文帝就问杨素，杨勇在喊什么？杨素赶紧说，这个废太子最近疯了，整天在树上乱喊，谁也不知道喊什么。隋文帝一听，也就没再追究。

这事虽然有惊无险地过去了，可是，杨广还是着实担心了一下。看来，杨勇还是贼心不死啊，以后一定严加看管，再不能让他上树了。

第二，有人开始替杨勇和高颎喊冤了。谁呢？贝州长史裴肃。此人上书称："高颎以天挺良才，元勋佐命，为众所疾，以至废弃；愿陛下录其大功，忘其小过。又二庶人得罪已久，宁无革心！愿陛下弘君父之慈，顾天性之义，各封小国，观其所为：若能迁善，渐更增益；如或不悛，贬削非晚。今者自新之路永绝，愧悔之心莫见，岂不哀哉！"这番话主要有两方面的意思。

首先，高颎有天赋的才能，又是开国元勋、佐命大臣，因受人妒忌，被废黜不用。希望陛下记着他的大功，忘掉他的小过。言外之意，高颎功大过小，不能永远废弃在家。

其次，前太子杨勇和前蜀王杨秀都已经废为庶人很久了，应该给他们改过自新的机会。希望陛下弘扬为君为父的慈爱，顾念父子人伦天性，每人给他们封个小国，观察他们的所作所为：如果能变好，就慢慢提升他们的地位；如果他们仍然不悔改，再贬位削爵也不晚。现在您断了他们改过自新的路，就看不出他们有没有悔改之心。这不是很悲哀吗？

这样的话如果放在高颎刚刚倒台，两个皇子刚刚被废的时候说，那就死定了。可是现在，隋文帝居然很感慨地说："裴肃忧我家事，此亦至诚也。"裴肃能够关怀我的家事，真是个诚臣啊！还特地征他入朝谈话，大大慰问了一番。

隋文帝这样的态度可把杨广吓坏了，父皇是什么意思？他是不是心思又活动了？杨勇和高颎他们会不会卷土重来？

第三，也是最大的问题，隋文帝当时的心腹，政治后起之秀柳述跟杨勇关系很铁，但是跟杨广关系并不好。

当年，兰陵公主改嫁，也是精挑细选的。选来选去，产生了两个候选人。一个是柳述，另一个则是杨广的小舅子，萧妃的弟弟萧玚。这两个人都是高门大族，隋文帝自己也挑花了眼，不知道选谁好了，就多方征求意见。

征求到杨广这里，杨广当然希望妹妹嫁给自己的小舅子，所以极力说萧玚的好话。隋文帝当时被他说得挺动心，也就答应了他。但后来又问到术士韦鼎，就是当年说隋文帝"当有天下"的那位高人，结果韦鼎说了这么一句话：“玚当封侯，而无贵妻之相，述亦通显，而守位不终。”萧玚面相里就不该有高贵的妻子，而柳述只是官位不能到头而已。

这是向着谁说？看起来更像是偏向柳述。隋文帝一听，马上说，官位还不是我说了算？我想让他到头就能到头，于是就把女儿嫁给了柳述。

这样一来，无论是柳述对杨广，还是杨广对柳述，其实都没什么好印象。与之相反，柳述对杨勇倒是印象不错，因为他最初担任的官职就是太子杨勇的亲卫，两个人过从甚密。现在，柳述在禁中办事，整天跟着隋文帝，会不会为杨勇说话？杨广心里当然极不踏实。

就这样，因为独孤皇后之死，隋文帝原本坚定的政治路线变得不坚定起来，朝廷里出现了很多新的变数。这些变数都有一个共同的指向，那就是朝廷似乎又要洗牌，太子之位也重新变得不稳固起来。这让太子杨广极度不安，真是如临深渊，如履薄冰。

就在这种心境之下，杨广偷偷地对给独孤皇后占卜葬地的大臣萧吉说：“公前称我当为太子，竟有其验，终不忘也。今卜山陵，务令我早立。我立之后，当以富贵相报。”您当年预言我能当太子，如今果然应验了，我信任您，不会忘记您的大恩大德。现在，请您在占卜墓地的时候再替我想一想，怎样才能找一个风水好的地方，让我早点接班。如果您能做到这一点，那么，我当了皇帝之后，必定要报答您。

这番话是什么意思？说白了，就是请您想想办法，务必让我爸爸早点死，这样我才能踏实下来。杨广提出了一个如此露骨的要求，萧吉是怎么回复的？他说：“后四载，太子御天下。”放心吧，我给你妈妈选一个地方，保证让你在四年之后就当皇帝。

那么，萧吉是否有这样的本事？隋文帝到底以什么样的方式结束了自己的一生？

第十二章 文帝之死

独孤皇后去世两年之后，仁寿四年（604），隋文帝崩于仁寿宫大宝殿，留下一个伟大的帝国，也留下了一个巨大的谜团。两代皇帝交接班，这在历史上任何一个朝代，都是关键期和敏感期，也往往伴随着流血和阴谋，隋文帝也不例外。隋文帝是正常死亡，还是被人谋杀？隋文帝之死到底隐藏着怎样的秘密？为什么会出现这么多不同的说法？

一、两种记载

皇帝是个高危职业，不仅是改朝换代时期要充当殉葬品，就是在一个王朝内部，两代皇帝交替之际，也往往充满血腥阴谋，留下了很多谜团。而在所有事关皇帝的谜团中，隋文帝之死也算是最扑朔迷离的案例之一，一千多年以来一直众说纷纭。

如前所述，独孤皇后死后，隋朝出现了一股同情废太子杨勇的势力，这让新太子杨广很是紧张。为此，他还请求术士萧吉在替独孤皇后选择墓地的时候留心一下风水，让父亲隋文帝也早点死去，自己好早日接班。当时，术士还向他保证，四年之内隋文帝必死。那么，术士的话有没有实现？

实现了，而且提前实现了。就在两年之后的仁寿四年（604）七月十三日，隋文帝崩于仁寿宫大宝殿，享年六十四（虚）岁。隋文帝的死亡时间并没有任何争议，问题是，他的死亡原因和过程，在史书上就有不同的记载。有说是病死的，有说是被毒死的，有说是被勒死的，还有说是用木棒打死的，林林总总，有四五种之多，但是，把各种死法稍微总结一下，其实可以概括为两种基本说法。第一种，隋文帝是正常死亡的；第二种，隋文帝是非正常死亡的。

先看第一种。正常死亡。这个说法主要依据是《隋书》，《资治通鉴》也引用了这种说法。按照《资治通鉴》记载："帝将避暑于仁寿宫，术士章仇太翼固谏；不听，太翼曰：'是行恐銮舆不返！'帝大怒，系之长安狱，期还而斩之。甲子，幸仁寿宫……夏，四月，乙卯，帝不豫。六月，庚申，赦天下。秋，七月，甲辰，上疾甚，卧与百僚辞诀，并握手歔欷，命太子赦章仇太翼。丁未，崩于大宝殿。"在六月隋文帝准备巡幸仁寿宫之前，术士章仇太翼就曾经直言不讳地警告他，此次出行不吉利，出去恐怕就回不来了。隋文帝不信，照样巡幸仁寿宫，而且把章仇太翼关了起来，还告诉他，等我从仁寿宫回来再杀你。没想到，刚到仁寿宫，隋文帝果然生病了，而且病情逐日加重。

到了七月十日，隋文帝已经不行了，所以召见文武百官，和他们握手诀别，君臣唏嘘流涕，非常伤感。面对此情此景，隋文帝想起了还关在监狱里的章仇太翼，叮嘱太子杨广把他放了，算是自己认输。又过了三天，隋文帝最终病死在大宝殿。

另外，根据《隋书·何稠传》的记载，差不多就是在诀别大臣之后，隋文帝又单独召见了曾经修筑独孤皇后陵的工程建筑专家何稠，说："汝既曾葬皇后，今我方死，宜好安置。属此何益，但不能忘怀耳。魂其有知，当相见于地下。"既然独孤皇后的陵寝是你修的，现在我把我的身后事也交托给你了，我怎么也忘不了皇后，希望你造这个陵寝，能够让我们两个死后，在地下世界里还魂相通。

然后又召见太子杨广，搂着他的脖子说：“何稠用心，我付以后事，动静当共平章。”何稠是一个很用心的人，我已经把我的身后事交托给他了，等我死后，你跟他商量着办就可以了。

按照这样的记载，隋文帝之死过程清晰，场面温馨，尤其是最后先诀别大臣，再安排陵寝，最后又搂住太子的脖子交代后事，简直就是君臣一体、父慈子孝的完美体现，没有任何值得怀疑的地方。

问题是，这种完美的正常死亡场面只是一种记载，还有另一种记载，就比这惊悚多了。说隋文帝并不是自然死亡的，死亡过程也没有这么温馨，事实上，他的死，跟亲生儿子杨广大有瓜葛，很可能就是被杨广害死的。

这是怎么回事？还是引《资治通鉴》的说法：“上寝疾于仁寿宫，尚书左仆射杨素、兵部尚书柳述、黄门侍郎元岩皆入阁侍疾，召皇太子入居大宝殿。太子虑上有不讳，须预防拟，手自为书，封出问素；素条录事状以报太子。宫人误送上所，上览而大恚。陈夫人平旦出更衣，为太子所逼，拒之，得免，归于上所；上怪其神色有异，问其故。夫人泫然曰：‘太子无礼！’上恚，抵床曰：‘畜生何足付大事！独孤误我！’乃呼柳述、元岩曰：‘召我儿！’述等将呼太子，上曰：‘勇也。’述、岩出阁为敕书。杨素闻之，以白太子，矫诏执述、岩，系大理狱；追东宫兵士帖上台宿卫，门禁出入，并取宇文述、郭衍节度；令右庶子张衡入寝殿侍疾，尽遣后宫出就别室；俄而上崩。故中外颇有异论。”

这一段文字讲了隋文帝死亡当天的两件大事。

第一件，密信误传事件。当时，隋文帝已经进入生命的最后阶段，三个主要大臣尚书左仆射杨素、兵部尚书柳述及黄门侍郎元岩都入宫侍疾，太子杨广也住进大宝殿，以备不测。

要知道，隋文帝此时身处仁寿宫。这算是死在首都以外，在古代是很危险的事情，为了避免发生不测，太子杨广考虑到应该采取一些防范措施，以免皇帝死后措手不及，就写了一封密信给杨素，跟他商量一旦皇帝驾崩，应该怎么控制局面，稳住朝廷。

杨素也回了一封密信，把自己想到的事情都逐条开列出来，让宫女交给太子。但是，也不知道是杨素没交代清楚，还是宫女糊涂，这封信居然被送到了隋文帝那里。隋文帝一看，自己还没死，儿子和宰相就已经商量起自己死后的事情来了，而且估计言辞极为直白，所以心里很不高兴。这就是所谓的密信误传事件。

第二件，陈夫人被调戏事件。独孤皇后死后，隋文帝最宠爱陈叔宝的妹妹，宣华夫人陈氏。陈夫人这时候当然也在宫里伺候。这一天早晨，陈夫人出去更衣，忽然衣冠不整、惊慌失措地跑回来了。隋文帝赶紧询问怎么回事，结果陈夫人含泪说了一句：“太子无礼！”

隋文帝刚刚看过那封不慎送到他这里来的密信，本来就在气头上，现在一听说太子无礼，简直如同五雷轰顶，爸爸还没有死，儿子不仅急不可耐地想要抢班夺权，还要对爸爸的妃子非礼，这岂不是衣冠禽兽？所以气得直拍床板，说道，这个畜生，我怎么能把国家托付给他？这都是独孤皇后误了我啊！

可是，光拍床板没有用，隋文帝痛定思痛，把两个心腹，也就是兵部尚书柳述和黄门侍郎元岩叫了过来，对他们说，赶快去叫我儿子。这两个人不明就里，一时没反应过来，就问，是叫太子吗？隋文帝愤愤然地吼道：不是太子，是杨勇！两个人一听，恍然大悟，这是隋文帝要改立太子啊，赶紧到外面草拟敕书。

可以想象，如果这个敕书起草好了，前太子杨勇重新回到隋文帝身边，那么，隋文帝很可能再行废立之举，隋朝的政局也就要出现重大翻盘了。

问题是，他们有没有成功？没有，因为有杨素在。当时隋文帝身边有三个大臣，除了柳述和元岩之外，还有宰相杨素。虽然隋文帝刚刚看了杨素给太子的密信，已经把他视为太子党羽，根本没有叫他参与敕书的起草，但是，隋文帝这么一顿大喊大叫，杨素早已知情。

杨素可是废黜前太子杨勇的干将，如果杨勇翻天，这对他来讲可是事关生死的大事。事不宜迟，杨素赶紧传话给太子杨广，说，隋文帝的心意有变，柳述等人正在起草诏书，打算废弃杨广，重立杨勇，请太子快拿主意！

太子杨广知道这件事后是什么反应？史书没有记载，但是完全可以想象，他肯定吓出了一身冷汗。如果这个敕书出来的话，他十几年的努力就功亏一篑了。不仅当不成皇帝，而且恐怕性命难保。

事已至此，杨广只能是先下手为强了。他略一思索，马上采取了以下五项措施。

第一，矫诏逮捕了柳述和元岩，把他们关进了大理狱。这样，正在起草中的敕书自然夭折。

第二，紧急调动东宫军队进驻仁寿宫，包围仁寿宫。

第三，命令左庶子宇文述等人控制宫禁，不许任何人出入。

第四，命令右庶子张衡进入皇帝寝殿，控制隋文帝。

第五，将侍奉皇帝的所有宫女和宦官等闲杂人员全部逐出，关在别殿。

有了这五项措施，隋文帝就等于被太子杨广给囚禁起来了，而且和外界切断了全部联系。就在这天晚上，隋文帝与世长辞。

因为有这些变故，所以人们当然不免要猜测一下，隋文帝是正常死亡吗？那么《资治通鉴》在这个问题上是怎么判断的？

虽然司马光是第一流的史学家，但在这个问题上也觉得难以说清，所以只写了一句话："故中外颇有异论。"也就是说，大家都议论纷纷。这是一个描述句，并没有给出最终的结论。

而在《资治通鉴》之外，有两条史料却给出了更为明确的结论。

一条是唐初赵毅的《大业略记》，赵毅说："帝（杨广）事迫，召左仆射杨素、左庶子张衡进毒药……素等既入，而高祖暴崩。”杨广让杨素和张衡两个人给隋文帝喂了毒药，这个毒药投下去之后，隋文帝就暴毙了。也就是说，杨坚是被杨素和张衡毒死的。

另一条史料是唐中期马总的《通历》：“乃屏左右，令张衡入拉帝，血溅屏风，冤痛之声闻于外，崩。”说隋文帝不是被毒死的，而是被张衡打死的，而且死得非常惨烈，鲜血溅满了屏风，高呼救命的声音连外面都听得到。

虽然在具体的死法上有分歧，但无论如何，依照这两条记载，隋文帝之死都是杨广集团人为操控的结果，也就是说，隋文帝是被自己的儿子杨广谋杀的。

隋文帝是自然死亡还是人为谋杀，关系到对隋文帝晚年宫廷斗争的判断，也关系到杨广，也就是隋炀帝继位的合法性问题。既然如此，这两种记载哪一个更可靠呢？

二、死亡之谜

分析一段历史，自然要依据以下原则：第一，史料；第二，时间；第三，逻辑。

先看史料。说隋文帝是自然死亡，最主要的史料来源是《隋书·高祖纪》，《隋书》作为正史，准确率应该很高。但是，说隋文帝是被人谋杀的，同样也可以从《隋书》中找到依据，比如，《隋书·后妃传》就记载了杨广调戏宣华夫人陈氏的事情，《隋书·杨素传》和《隋书·张衡传》则暗示两个人和隋文帝之死有牵连。这样看来，仅仅从史料对比，并不能分析出哪个是真，哪个是假。

再看时间。两种记载在时间上有没有冲突？原则上也没有。因为说隋文帝是自然死亡的史料，只记载了两个关键时间，第一个是仁寿四年（604）七月十日，隋文帝和百官诀别；第二个就是七月十三日隋文帝去世。而说隋文帝是被谋杀的史料，其实强调的就是隋文帝死亡当天的事情。这样一来，就完全可以理解为隋文帝本来已经病入膏肓了，七月十三日又发生了一系列突发事件，最后导致杨广谋杀了隋文帝。事实上，《资治通鉴》的记载本身就隐含着这个意思。换句话说，两种记载在时间上并不矛盾，也不能据此判断孰真孰假。

接着来看逻辑判断。

前面讲过，《资治通鉴》在讲隋文帝死亡之前，交代了两个背景，第一个是密信误送事件，第二个是陈夫人被调戏事件。

这两个事件哪个更重要？毫无疑问是陈夫人被调戏事件更重

要，也更具有直接意义。因为老皇帝还没死，太子就提前准备接班事宜，虽然在情感上可能让人不好接受，但从理性的角度还是可以理解的，不至于激起隋文帝那么大的愤怒，甚至产生改换太子的想法。而调戏隋文帝妃子的性质可就完全不同了，它不仅触及了人伦底线，也暴露了杨广的真面目。

当年，隋文帝为什么废杨勇，立杨广？就是因为杨勇任性好色，而杨广则表现得道德高尚，不近女色。现在看来，这些优点全都是伪装的，这就彻底颠覆了杨广当太子的依据，所以隋文帝才会大叫："独孤误我！"认为是独孤皇后判断失误，把自己害苦了！

既然发现了杨广的真面目，隋文帝也就产生了对杨勇的悔过之心，以前觉得大儿子不行，现在看来，二儿子的毛病比大儿子严重得多，既然如此，还是让大儿子回来接班吧，所以才有接下来让柳述、元岩起草诏书，召回杨勇的事情。召回杨勇，当然也就意味着杨广这些年的努力付诸东流，而且恐怕还要死无葬身之地。

杨广是个有本事的人，当然不能坐以待毙，只能狗急跳墙，先行把爸爸结果了。所以说，陈夫人被调戏，这是整个事件的核心，也是隋文帝死于非命的直接原因。如果此事为真，那么，隋文帝的死亡几乎就可以定性为人为原因造成的了。

既然陈夫人被调戏事件如此关键，就要仔细分析一下，这个事件本身有没有问题？事实上，这件事的真实性太有问题了。

第一，杨广的行为不合情理。老皇帝临终，新皇帝登基之前，是政治最敏感的时期，绝对容不得半点差错。杨广是一个有着高度自制力的人，当年，为了得到太子之位，杨广能够十年如一日，维护自己不近女色的美好形象，现在，在皇位更替的最敏感时期，就算杨广内心再好色，他又怎么会忍耐不了这几天，非要冒着巨大的政治风险对陈夫人下手？

另外，隋文帝要死，而且是死在大兴宫以外，身为太子的杨广有好多问题需要处理，以确保朝廷不会生变，在这种情况下，给他三头六臂恐怕都忙不过来，又怎么会有时间、有心情去调戏父亲的爱妃？这样的事情，这样的做法，完全不符合我们对杨广性格的判断和当时形势的判断。

第二，陈夫人的行为不合情理。按照有关史书的记载，陈夫人是去更衣的路上，被杨广截住的，然后杨广强行调戏，陈夫人奋力反抗。换言之，恐怕是陈夫人长得太漂亮了，让杨广乍看之下，不由得兽性大发。似乎两个人此前根本没什么关系。

是不是这样？完全不是。据《隋书·后妃传》记载，陈夫人和太子杨广早有瓜葛，事实上，杨广能够当上太子，陈夫人也是出了力的。这是怎么回事？

陈夫人是亡国之君陈叔宝的妹妹，因为小心懂事，很是讨人喜欢，属于八面玲珑型的人物。即使在独孤皇后活着的时候，也特许她侍奉隋文帝，成了隋文帝时期少数能够吹得进枕头风的女性。

当时，身为扬州总管的杨广，正在积极图谋当太子，整天琢磨怎样扩大支持者队伍，对这位能干的陈夫人当然也不敢掉以轻心。扬州金银器很有名，杨广就经常送一些黄金制品给陈夫人。陈夫人审时度势，也都笑纳了。

按照《隋书·后妃传》的记载，就是“规为内助，每致礼焉。进金蛇、金驼等物，以取媚于陈氏”。陈夫人拿人钱财，替人消灾，在杨广和前太子杨勇斗争的过程中也没少替杨广说话，算是杨广的功臣。换句话说，两人早有瓜葛。

这个瓜葛当然主要是政治盟友关系，但是，当时陈夫人刚刚二十多岁，比杨广还小，因此也不排除有某种情感关联。无论是哪一种关系，晋王杨广和陈夫人都是老熟人，绝非初次见面，一见钟情，所以，杨广完全犯不着在陈夫人更衣的仓促之际去非礼她。

第三，就算是杨广当时丧心病狂，真的非礼了陈夫人，陈夫人恐怕也不会到隋文帝面前去告状。为什么？陈夫人是个在政治上很成熟的女性。当年，她能够在杨广还没当太子的时候就甘冒政治风险，替他说话，说明她非常擅于未雨绸缪，为自己在新皇帝手下谋一个合理的位置，这恐怕也是亡国贵族的自保本能。既然如此，她又怎么可能在老皇帝气息奄奄、朝不保夕的时候得罪即将接班的太子杨广？

所以说，所谓陈夫人向隋文帝告状说“太子无礼”的描述并不合理。既然这个故事的两大关键人物的行为都完全违反常理，那么只能认为这个故事本身有问题了。

如此说来，隋文帝算是正常死亡了？并非如此。

虽然陈夫人被非礼事件可能并不存在，但是《资治通鉴》中所描述的其他事件，具体说来，就是密信事件，还有太子杨广囚禁隋文帝事件恐怕都是存在的，只不过，把这两件事联系在一起的不是陈夫人，而是隋文帝的两个心腹，柳述和元岩。

这个事情的大体轮廓可能是这样的。仁寿四年（604）七月十三日，宰相杨素给太子杨广回密信，讨论隋文帝死后的安排问题，不料密信却被误投给隋文帝本人，引起隋文帝极大反感，肯定是怒形于色。当时，柳述和元岩以心腹的身份陪在隋文帝身边，他们本身都是反对太子杨广，同情废太子杨勇的人，一看到老皇帝对太子杨广和宰相杨素表示不满，忽然感觉这件事可以利用。

怎么利用？最好的方式就是趁着隋文帝糊涂烦恼，矫诏召废太子杨勇入宫！可能有读者会觉得，这冒的风险也太大了吧？有一个成语叫利令智昏。柳述和元岩都属于隋文帝晚年提拔的少年新锐，跟太子杨广和宰相杨素的关系并不好，如果太子即位，他们的权力肯定难以继续下去。如果能够矫诏成功，让已经废黜多时的杨勇重新接班，他们可就是佐命大臣了。这种心态跟当年北周宣帝病危的时候刘昉和郑译矫诏让杨坚辅政是一个道理，都是在为自己打算。既然成败对比如此明显，两个人也就愿意冒一次险，于是就操控了基本处于弥留之际的隋文帝，矫诏起草敕书，打算让废太子杨勇入宫。

但是，他们的密谋还没有实现，就被杨素知道了。这对杨素来说也是事关生死的大事，所以杨素马上禀报太子杨广，迅速采取措施，把柳述、元岩二人抓了起来，顺便把隋文帝也软禁起来了。

问题是，软禁隋文帝之后，杨广是否会让人把他毒死或者打死？我认为这种可能性不大。因为根本不值得。隋文帝在三天之前已经和大臣诀别，这就意味着他本来已经来日无多，现在，只要把他看住，不让别人操纵他就可以了，反正他也活不了一两天。在这种情况下，杨广还有什么必要杀他，然后再去背负弑父弑君的千古骂名呢？

既然如此，为什么隋文帝当晚就死了呢？这恐怕是一系列事情连气带吓的结果。所谓气，当然是指密信事件；所谓吓，则是指杨广派兵软禁他。隋文帝本来就已经处于弥留之际了，就算没有这些变故，也未必能活过十三日，何况又经过这么一番折腾，当然会死得更快了。

分析到这一步，终于要得出结论了，隋文帝到底是怎么死的？大概率的情形，是介乎正常死亡和非正常死亡之间。

所谓正常死亡，是指他并没有真正遭到外力的侵害，既没被投毒，也没被打死。所谓非正常，则是指七月十三日的一系列事件，也确实对他的精神构成了重大打击，从而加速了他的死亡。

这样看来，历史上所谓的隋炀帝弑父其实并不完全正确，杨广真正做的只是用软暴力加速了隋文帝的死亡而已。如果他以后干得好，人们很可能会慢慢忘掉这件事，只可惜杨广后来亡了国，人们也就开始把各种各样的帽子都扣到了他的头上，在这种背景下，所谓淫母弑父的说法也就纷纷出笼，直到最后被写进史书中。

就这样，一代英主隋文帝在这种半昏、半明，半自然、半被迫的状态下走完了自己的人生。在他身后，留下了一个统一强大的隋帝国，这是他无上的功业。但是，从隋文帝临死前惊心动魄的宫廷斗争也可以看出，他也留下了一个矛盾重重，并不怎么稳定的政治局面。事实上，就在隋文帝死后不久，太子杨勇全家被杀，兰陵公主和柳述也都死于非命。这些动荡不安、血腥暴力乃至骨肉相残又给隋文帝的统治蒙上了一层阴影。

那么，到底应该怎样评价隋文帝波澜壮阔的一生？

第十三章 一代英主

在西方人眼中，隋文帝是中国古代历史上，继秦始皇之后第二个伟大的皇帝。但是在大多数中国人心中，第二名的业绩是轮不到他的。

隋文帝杨坚在位二十四年。他统一中原，确立制度，修订法律，完成了一件又一件影响深远的大事，堪称历史上极为高效的帝王之一；他诛杀功臣，废黜太子，给人留下了为政苛察、多威少恩的印象。到底该如何评价隋文帝？为什么在中外人士心目中，隋文帝的形象会如此不同？

一、丰功伟绩

美国人迈克尔·哈特著有一本书叫《历史上最有影响的 100 人》。在这本书里，他按照对人类历史影响力的大小开列了一个百人名单，其中，中国有两位皇帝榜上有名，一位是秦始皇，另一位就是隋文帝。

这样看来，隋文帝在西方人心目中的地位还是很高的，至少在中国皇帝中排名第二。但是，如果让一个中国人选出他心目中的两个好皇帝，一定不会选到隋文帝。那么，隋文帝到底是一个怎样的皇帝，他在人们心目中的形象为何如此不同？

我想，无论如何应该承认，隋文帝是一位建立了丰功伟绩的皇帝。这些功绩不能被抹杀，也不容被抹杀。

第一，也是最伟大的功绩，当然是统一。开皇九年（589），隋文帝平定江南的陈朝，重新统一全国，这是中国历史上继秦朝统一之后的第二次大统一。这次统一意义太重大了，不光标志着南北两地域合为一体，还标志着北方“永嘉之乱”后历时近三百年的民族融合最终完成。真正做到了地无分南北、人无分夷夏的大统一。

为何要特别说明地无分南北、人无分夷夏呢？

只要看看隋文帝这个第一家庭就明白了。杨坚是汉人，而他的皇后独孤伽罗则是鲜卑化了的匈奴人，这两个人的结合，其实就叫人无分夷夏。

再看他们的接班人太子杨广，虽然出生在关中地区，却偏偏喜欢吴侬软语，还娶了一个出身后梁皇室的萧氏做妃子，这就叫地无分南北。

隋文帝这个家庭其实也是当时中国的一个缩影，也是我们今天统一多民族国家的基础。建立这样一个统一的国家意义有多大？那真是怎么评价都不为过的。

第二，建立了一系列影响深远的制度。

先看政治方面。建立三省六部制。三省制的核心是什么？一句话，皇帝集权，宰相分权。这种管理模式符合中国古代政治发展的大方向，所以唐朝直接沿用，影响力则一直持续到清朝。

再看文化方面。文化方面最伟大的创举当然是科举制。科举制的精髓是什么？是英雄不问出处。这个原则意义重大。

首先，有才华的人可以依靠个人本领，而不是家族势力出人头地了，平民家的才俊子弟可以和门阀士族的孩子一样当官，这就意味着社会的公平。

另外，科举制也有利于维护皇权。试想，是谁给了科举考生做官的权力？皇帝。官位要从皇帝这里获得，考生们自然成为维护皇权的中坚力量。因为有这样双赢的特性，所以，科举制度一经创立就生机勃勃，一直沿用到清朝末年。

再看军事方面。军事方面影响最深远的制度是府兵制。府兵制是西魏创立的，那时候的府兵户籍单列，土地单分，人员单住，是一个独立于社会之外的军事集团。这样的制度助长了军人特权，却不利于皇权。

开皇九年（589），平陈战争刚结束，隋文帝就对府兵制做了大幅度调整，要求所有府兵一律在地方落户，军人的土地也划归地方政府统一调度。这就是所谓的“垦田籍帐，一与民同”。

这个改革的意义是什么？把府兵从兵农分离、兵将合一的职业兵改造成了兵农合一、兵将分离的民兵。

这样的改革意义重大。兵农合一意味着府兵和百姓合二为一，自给自足，国家不用养兵了。兵将分离则意味着将军们的权力大大下降，这也就削弱了军人对政治的干扰，有利于加强中央集权。因为有这样的优势，所以，改造后的府兵制不仅唐朝前期继续沿用，而且影响力一直断断续续地持续到了清朝。

再看法律方面。法律方面最大的成就是《开皇律》。开皇律的精髓是什么？一言以蔽之，那就是援礼入法，礼法合一。礼强调长幼尊卑的秩序，《开皇律》就用法律手段来维护这种以皇帝为首的社会等级秩序。《开皇律》不仅是唐律的直接蓝本，垂直影响力一直持续到清朝，而且，也成为整个东亚法系的基础。

这四项核心制度有什么共同之处？共同之处就在于都在强化

皇权的同时兼顾社会公正。这正是中国此后一千多年的历史发展方向。所以，隋文帝制定的这些伟大的制度，不仅给当时的国家建立了框架，也对此后一千多年的社会持续发展产生了影响，这个贡献，也是怎么说都不过分的。

第三，建立了以隋朝为主导的东亚新秩序。汉朝的时候，中国曾经是当之无愧的东亚霸主。但是，随着汉室瓦解，五胡入华，中原政权日益衰落，东亚的主导力量也就变成了北方游牧民族。到了隋文帝时期，通过跟突厥反复的军事和外交较量，终于让突厥心服口服，并给隋文帝上了“圣人可汗”这么一个尊号。

随着老霸主的倒台，一种以隋朝为主导的东亚新秩序重新建立了起来。表面看来，这似乎是恢复了汉朝的声威，但是，实际上，汉朝和隋朝又并不一样。汉朝的东亚秩序是怎么建立的？它强调军事征服和领土占领，而隋朝则不完全如此。

在军事之外，隋文帝强调的是政治上的臣服和人心上的归附。所以，无论是打突厥，还是打吐谷浑、打契丹，打完之后，都注重安抚，注重收拾人心。这就是儒家所谓的“远人不服，则修文德以来之，既来之，则安之”。这种和平的外交路线也是中国此后处理国际关系的基本思路。隋文帝对外交思路的贡献，也是怎么说都不过分的。

第四，建立了政治清明、社会稳定、人民安居乐业的统治局面，也就是我们常说的“开皇之治”。

在隋朝建立之前，南北朝时期，无论北方还是南方，政治都比较黑暗。人们看到的皇帝，或者是上战场都带着宠妃的齐后主；或者是一下子立五个皇后，动不动就给人一顿天仗的北周宣帝；或者就是国破家亡之际，还不忘抱着两个爱妃，一同钻到井里的陈后主。不是昏君，就是暴君，甚至是昏君加暴君，人们对皇帝已经失望透了。最高统治者腐朽，下边的官吏自然也好不到哪里去，最后受难的，当然是底层老百姓。

但是，隋朝建立后，政治局面立刻就不一样了。这首先是因为皇帝不一样了。隋文帝很快树立了一个节俭自律、爱民如子的好皇帝形象。

什么叫节俭自律？按照《隋书·高祖纪》的说法："每旦听朝，日昃忘倦，居处服玩，务存节俭。"每天天不亮就上班，太阳落山了才下班，无论是宫室还是服装器具，都不慕奢华，唯求节俭。这还不是个好皇帝吗？

什么叫爱民如子？仍然引《隋书》的说法："乘舆四出，路逢上表者，则驻马亲自临问……尝遇关中饥，遣左右视百姓所食。有得豆屑杂糠而奏之者，上流涕以示群臣，深自咎责，为之彻膳不御酒肉者殆将一期。及东拜泰山，关中户口就食洛阳者，道路相属……逢扶老携幼者，辄引马避之，慰勉而去。至艰险之处，见负担者，遂令左右扶助之。"这一段说的是三件事。

第一件事，每次出门，只要路上有人上表，隋文帝都停下马来，亲自接待。这叫关心百姓心声。

第二件事，开皇十四年（594），关中闹灾荒，隋文帝让左右把老百姓家里日常吃的东西拿来给他看。结果都是碎豆子、米糠一类的东西。隋文帝一看，马上眼泪滚滚而下，自己带头节约，一个月都不喝酒吃肉。这叫关心百姓生活。

第三件事，还是这次大饥荒期间，隋文帝和老百姓一起到洛阳逃荒，遇到路窄的地方，隋文帝总是把马牵到边上，让老百姓先走。如果哪个老百姓拎的东西多，背不动，隋文帝甚至让左右的侍从替他们拿。这种亲民的形象，放到今天都感人至深，何况是一千多年前的帝制时代。

俗话说上行下效，皇帝带了个好头，官员也都比较勤政清廉。翻《隋书》就会发现，隋文帝时期，没有发生经济上的贪腐大案，倒是有好多清官都被收到了《隋书·循吏传》里。

举个例子。当时有个叫赵轨的官员，担任齐州别驾。此人清廉到什么程度？他东边的邻居家有一棵桑树，枝条越过院墙，到了他们家院子里。桑葚熟的时候，凡是从邻居家的树上掉到他家院子里的桑葚，赵轨都让孩子给人家送回去。

想想看，一颗桑葚都不沾的人，还能占老百姓什么便宜？他离开齐州回京的时候，齐州老百姓都来送他，说，别驾一清如水，我们送行也不敢拿酒，就喝我们一碗水再走吧。

有这样的皇帝，这样的官吏，当然老百姓的日子就好过多了。

隋朝建国十年之后，就出现了仓库充盈的局面，这当然有很多种原因，但是，官府不横征暴敛，老百姓安居乐业，肯定也是重要的原因之一。

一个统治者，能够通过自己的努力，让老百姓看到生活的希望，这个功绩，也是怎么评价都不为过的。

如此说来，隋文帝岂不是一代圣君了吗？可为什么中国人一提到古代的圣君、贤君，首先想到的是唐太宗，而不是隋文帝？因为隋文帝固然建立了丰功伟绩，但依然不能掩盖他自身的很多问题。

二、不达大体

隋文帝最大的问题是缺乏一种宽厚恢宏的气度。按照《隋书》的说法，就是“好为小数，不达大体”。举两个例子。

第一个例子。贞观年间，唐太宗问大臣，隋文帝是什么样的君主？大臣回答：“克己复礼，勤劳思政，每一坐朝，或至日昃。五品已上，引坐论事。宿卫之士，传飧而食，虽性非仁明，亦是励精之主。”隋文帝是个克已复礼的好皇帝，早早上班，很晚下班，中午都来不及回去休息一下，只能吃工作餐，让卫士从外面把饭直接递到办公桌上来，这是一个励精图治的好皇帝啊！

那么，唐太宗是怎么评价的呢？唐太宗说：“公知其一，未知其二。此人性至察而心不明。夫心暗则照有不通，至察则多疑于物。又欺孤儿寡妇以得天下，恒恐群臣内怀不服，不肯信任百司，每事皆自决断，虽则劳神苦形，未能尽合于理。朝臣既知其意，亦不敢直言。宰相以下，惟承顺而已。”大意是说，你这样夸他，是只知其一，不知其二呀。这个人性情很苛刻，心里也并不明白。因为不明白，所以他很多事情都判断不好，又因为多疑，不肯信任别人，所以只能事必躬亲。而且，因为他靠欺负孤儿寡妇取得天下，唯恐百官不服，所以并不能真正信任他人，只好什么事都亲力亲为。这样一来，他是累得半死还不讨好，而百官则是什么都不敢说，也不敢做。这种不能摆正君臣关系，不能和大臣做合理分工的皇帝哪能算是好皇帝？

第二个例子就更有说服力了。开皇十四年（594）关中饥荒时，隋文帝关心爱护老百姓的故事十分感人。但是，唐太宗可不这么看。他一针见血地指出：“隋开皇十四年大旱，人多饥乏。是时库房盈溢，竟不许赈给，乃令百姓逐粮。隋文不怜百姓而惜仓库，比至末年，计天下储积，得供五六十年。”当时国家粮食储备有的是，完全可以开仓放粮，让老百姓渡过难关，但是，隋文帝却不这样做，只是流着眼泪，跟老百姓一起逃荒，这哪是爱护百姓啊？分明是妇人之仁，廉价的同情啊。把粮食看得比人还重要，这就是不识大体。

唐太宗也是皇帝，皇帝看皇帝，算是内行人看内行人，果然看得门道比较深。

通过这两件事可以发现，隋文帝确实有一些政治智慧，也做出了种种努力，但他缺乏一种大局意识，缺乏一种恢弘的气度，这样一来，就引发了一个很重要的悖论，虽然隋朝的国力很强盛，政治很清明，但是，隋朝人的幸福指数并不高。

所谓幸福指数不高，主要体现在两个方面。

第一，老百姓的幸福指数不高。因为隋文帝管得太死了。

举一个最简单的例子。隋朝老百姓跟我们一样，很喜欢过节，特别是元宵节那天，不仅张灯结彩，鼓乐齐鸣，而且青年男女还要戴上假面，走街串巷，一些艺人也到街头进行表演，载歌载舞，很多人都出来观看。这本来是挺好的事，可隋文帝居然认为，这类活动贵贱不分，男女混杂，有伤名教，干脆一声令下，禁止过节。

连这样的单纯娱乐活动都不能容忍，管得太宽，也太刻板了。在这样的皇帝统治之下，可以想象，老百姓虽然生活安定，但是也非常单调，没有一种真正舒心的感受。

第二，官员幸福指数也不高。

首先，隋文帝太刻薄寡恩了。今天用你，明天就有可能杀你。按照《隋书》的说法是“其草创元勋及有功诸将，诛夷罪退，罕有存者”。开国功臣，杀的杀，贬的贬，留下来的没几个了。

就拿高颎来说吧，既是佐命功臣，又是辅政大臣，还是战争统帅，文武双全，为隋朝立下了汗马功劳。

当年，隋朝刚刚建立的时候，隋文帝对他非常倚重，倚重到什么程度？隋文帝建新都大兴城，高颎全盘谋划，经常到工地去巡视，每次去了都坐在一棵大槐树下办公。后来，这棵大槐树的南面建起了朝堂，要重新栽行道树，好让整体格局整齐美观。大槐树的位置比较不伦不类，工人就说砍掉算了。没想到隋文帝说，这是高颎办公的地方，算是历史文物，一定要保留下来，让后人知道高颎的操劳。这样一来，这棵树就真保留了下来。这是多么感人的故事！

隋文帝的赞赏也换来高颎的忠诚，为大隋王朝兢兢业业地工作了近二十年。可是，开皇末年，就因为高颎反对废太子，隋文帝就必欲除之而后快，甚至不惜诬陷他谋反，直接贬为平民。这就太过分了。对一个最忠诚的老臣都能如此无情，可想而知，对其他官员更是缺乏最基本的宽厚之心，在这样的皇帝手下办事，怎么可能有真正的幸福感。

其次，隋文帝越到晚年，用人思路越褊狭了。隋朝开皇初年，李德林非常得宠。李德林是一个有独立见解，能对皇帝提出不同意见的人。能用敢讲真话的人，这当然体现出一种恢宏的气度。

但是后来，隋文帝嫌李德林太有棱角，改宠苏威了。苏威是一个能把皇帝的每个想法都落实下去的办事人才。只用办事人才，这在器局上就已经差下来了。

后来，隋文帝觉得苏威也太坚持己见了，改宠杨素。杨素是一个能迎合皇帝好恶的人。只用逢迎之人，这当然说明他的气量更小了。

可是，最后连杨素也显得太过独立了，隋文帝改宠柳述。柳述没有什么真本事，仅仅是一个乖女婿，完全唯皇帝马首是瞻，根本谈不上大臣，只能算机要秘书了。

随着隋文帝的用人范围越来越窄，官员们发挥的余地也就越来越小，英雄无用武之地，幸福感也就无从谈起了。

众所周知，隋文帝面对的是一个刚刚整合在一起，各种矛盾非常复杂的社会，关中、山东、江南三大部分，生活方式不同，思想观念不同，政治背景不同，经济水准也不同。在这种情况下，要想让社会稳定下来，良性发展，海纳百川的气度和用人不疑的精神非常重要，但是，隋文帝恰恰缺乏这样的气度和精神。

本质上讲，隋文帝的为人可以用三个词来概括，那就是“多威少恩”“多张少弛”“多政少德”。多威少恩意味着人们只能畏惧他，但是不会真正拥戴他；多张少弛意味着社会已经是满负荷运转，缺乏足够的张力和弹性；多政少德意味着，人们只能建立制度，依赖制度，而不能相信道德，依赖道德。然而，一个没有道德底线的社会是非常危险的。

三、矛盾的皇帝

说到这里，就已经明白，为什么西方人对隋文帝评价相对高，而中国人对隋文帝的评价相对低了。因为隋文帝其实是一个矛盾的皇帝，具有鲜明的两面性。

一面是高智商，外在表现是建立了那么多优秀的制度，这也正是西方文化看重的东西。

另一面则是低情商，外在表现是苛刻多疑和急功近利。这让整个社会缺乏一种真正的道德和精神，而这也是中国文化比较看重的东西。

把这两面加起来，才可能是一个相对全面的隋文帝。

那么，隋文帝这种两面性是从哪儿来的？有三个方面的原因非常重要。

第一是他的个性。隋文帝从小就是一个自律的人。自律到了刻板严肃，毫无情趣的程度。我们都知道，唐太宗爱书法，唐玄宗爱音乐，谁能知道隋文帝爱什么？他似乎什么也不爱，除了政治。毫无疑问，这种心无旁骛的自律精神正是隋文帝超过南北朝时期大多数皇帝的优点，是“开皇之治”能够实现的基础之一。

但是，任何事情都有正反两面。自律的另一面是什么？是不宽容。既不宽容自己，也不宽容别人。自己崇尚道德就要求别人道德高尚，自己早上班晚下班，就要求别人也满负荷工作，无论对儿子、对大臣，还是对百姓都一个态度。这其实就是前面讲的多张少弛的体现。

第二是他的文化素质。隋文帝小的时候受过寺院教育，少年时代又在太学念了不到两年书。这样的文化素质，大概可以算作一个半吊子文化人。

这种文化素质，从正面来讲，意味着隋文帝知道文化的力量，所以，他才会搜集图书，兴建学校，力图偃武修文，打造一个制度健全的社会。

但从反面来说，又意味着他对文化的理解并不深刻，只知道利用文化，不知道涵养文化。一旦文化不能直接发挥作用，他就会急躁，就会抛弃文化。

举一个例子。隋文帝曾经大力兴建学校，不仅在中央设立学校，地方州县也要求兴建学校。这本来是一件功在当代，利在千秋的好事。但是，到了仁寿元年（601），也就是办学十年后，他忽然下了一道诏令："国学胄子，垂将千数，州县诸生，咸亦不少。徒有名录，空度岁时，未有德为代范，才任国用。良由设学之理，多而未精。今宜简省，明加奖励。"我办了这么多年学了，怎么还没选出几个有用的人才？看来，招这么多学生没用，干脆精简一下吧。全国只保留了国子学的七十二个学生，其余的学生一律回家，不用念书了。

隋文帝这个想法有没有问题？太有问题了。有道是十年树木，百年树人。人才的培养哪能期待几年之间就见成效？就以今天而言，一个孩子从小学到大学毕业，需要整整十六年时间，这也还只是刚刚走上工作岗位，远远不能说发挥什么栋梁作用。而隋文帝仅仅因为十年内没有培养出高级人才，就急不可耐，干脆解散学校。这种急功近利的心态，正是多政少德的体现。

第三是他生活的时代背景。隋文帝生在一个民族融合的时代，他自身就是民族融合的产物，既有胡人的尚武精神，也认同汉人的制度文化。这种融合性使得他能站在时代的潮头。但是，几百年的战乱和少数民族统治带给他的也并不都是好影响。因为少数民族政权的短命和统治的不稳定，几乎每朝每代，包括他自己建立的隋朝，都伴随阴谋和血腥，这无疑在他心中留下了猜忌和杀戮的阴影，让他对任何人都怀有深深的不信任感，甚至不惜对儿子和功臣大开杀戒。这也正是多威少恩的体现。

这样的性格、这样的教育和这样的时代，一方面促成了隋文帝的发展，另一方面也制约了隋文帝的发展，让他在取得丰功伟绩的同时留下了巨大的问题——急功近利。开皇十四年（594），正是在隋文帝的统治如日中天的时候，他临幸并州，写了一首《宴秦孝王于并州作诗》。这也是他一生中留下的唯一一首诗。诗文如下：“**红颜讵几？玉貌须臾。一朝花落，白发难除。明年后岁，谁有谁无。**”年轻的容颜能保留多久？花容月貌不过是转瞬即逝。花儿瞬间就会凋落，白发也很快就会覆满你的头顶。人生不就是这样短暂吗？到明年、后年的时候，有谁还活在这世界上，又有谁会一去不复返？

诗写得很真诚，但并不算特别出色。从这首诗中可以看出，隋文帝的内心世界太不丰满了。他只知道感慨人生的短暂，却不知道，人的肉身之外，还有精神可以永恒。

比一比曹操的《龟虽寿》就能够看出巨大的差距：“**神龟虽寿，犹有竟时。腾蛇乘雾，终为土灰。老骥伏枥，志在千里。烈士暮年，壮心不已。**”曹操也感慨人生的短促，但是，这种感慨让他升华，升华成“**烈士暮年，壮心不已**”的情怀，这就是曹操的伟大与雄壮之处，也是隋文帝不能超脱的地方。

正因为隋文帝没有悟到这一点，所以，他太执着于肉身的功业，太急于在自己的有生之年把一切事情都办好，太不考虑社会的可承受度了。这其实也正是隋朝真正的问题所在。

一千多年来，人们经常说，隋文帝最大的问题是选错了接班人，因此才导致了隋朝的短命。这种说法其实并没有真实的意义。因为我们无从知道，如果杨勇接班，是不是能比杨广更好。我们永远无法改变隋朝的走向，但是，我们可以一次次地回首隋朝的来路。回首那个叫普六茹那罗延的孩子如何在金戈铁马中成长，回首那个叫杨坚的皇帝如何在惊涛骇浪中历练，也回首那个被称为隋文帝的人如何在历史中被反复定位。隋文帝是一位历史人物，但对他的每一次定位都饱含着新时代的精神。我们一直在尽可能地还原历史真相，但我们也一直悄悄地把自己的烦恼和期待加在历史上，期待历史真的能够勾连起未来。

大风起兮云飞扬。